融合教育实践系列

The Paraprofessional's Handbook for Effective Support in INCLUSIVE CLASSROOMS

Second Edition

融合教育助理教师手册

第 2 版

[美] 朱莉·考斯顿(Julie Causton, Ph.D.)
[美] 凯特·麦克劳德(Kate MacLeod, Ph.D.) 著
陈 烽 朴知雨 译

華夏出版社
HUAXIA PUBLISHING HOUSE

谨以此书献给艾拉、山姆和艾伦

——朱莉

谨以此书献给丹尼和马克宝宝

——凯特

致谢

本书讲的是如何以尊重的态度、有意义的方式为学生提供周到细致的支持，以便让他们充分发挥自己的潜力，成为最好的自己。我们认为，不管在什么样的社群中，人要想成为有价值的学习者和社群的一分子，其必要条件就是获得合适的支持。

我要感谢所有在我的生活和事业中给予我支持的人，没有他们，就没有这本书。

首先要感谢的就是本书的合著者凯特——她能让每一件事都变得更加有趣——你是我的好朋友，也是我的世界里一道美丽的光。

感谢我的家人，感谢艾拉、山姆和艾伦。谢谢你们让我的生活如此快乐。你们一直努力让世界变得更加美好，这种执着每天都在激励着我。

感谢凯西和黛布，谢谢你们每天早上都打来电话，谢谢你们从始至终地支持我，每天都鼓舞着我。

——朱莉

因为很多人的关爱和支持，才让我有机会写这本书，让我能致力于融合教育，快乐地生活。感谢本书的合著者朱莉，她是我值得信任的朋友、导师，她是超人一般的存在——谢谢你让我的生活、工作和世界变得更美好、更公正、更有趣。

感谢我的父母——谢谢你们对我的支持，谢谢你们教会我如何生活，教我做人要正直、有同理心，教我对家庭和社会负责。

感谢我亲爱的丹尼——你的爱、正直和幽默是我的指路明灯。谢谢你给了我一个愉快的春天，还有快乐的永远。我迫不及待地盼着宝宝出世，盼着和你一起抚养他长大。

——凯特

目 录

CONTENTS

序言……i

前言……iii

第一章 助理教师……1

第二章 融合教育……15

第三章 特殊教育……35

第四章 与人合作……59

第五章 换一个角度看待学生……79

第六章 提供学业支持……97

第七章 提供社交支持……119

第八章 提供行为支持……141

第九章 尊重和支持学生独立自主……167

第十章 支持自己……185

作者简介……201

序言

我在教师生涯中获得的成就其实都离不开助理教师的帮助。在我学着理解融合教育的过程中，他们的经验和耐心就像是指路的明灯，他们的热心帮助给了我可以依靠的肩膀。有些助理教师和我有过交集，然后各奔东西，有些助理教师到现在还是我最亲密的朋友，无法想象，没有他们，我的生活会是什么样子。

我刚当教师不久，就理解了作为一名助理教师有时是多么令人沮丧。这是一群多么了不起的人啊，可是长期以来，人们认为他们所做的一切都是天经地义的，忽略了他们的贡献与价值。在为最需要支持的学生争取权益的过程中，他们的想法常常得不到应有的重视，但在问题面前，责难和埋怨却往往会落在他们身上。很多人对他们不吝溢美之词，可是，助理教师一直没有被纳入专业发展的范畴，在解决问题的过程中，他们付出的努力也常常被忽视。

学生、家长、教师和学校管理者都知道，在重重困难面前，如果能有一位非常专业的助理教师帮助学生，学生往往就能取得进步。专业的助理教师知道何时应该为学生提供支持，何时应该退后一步，能指导和帮助学生发展关系，能很快察觉学生的紧张情绪，能看到学生的长处，了解学生的兴趣并且以此为切入点努力与学生联络感情，能自然地回应学生的独特需求。助理教师就像是一位翻译，他们的作用非常关键，也颇为复杂，这种复杂性在朱莉和凯特合著的这本方便实用的宝藏书里体现得再清楚不过了。

对于那些刚刚投入助理教师工作的人，还有那些一生都在为残障学生争取权益的人来说，这本书就像是定盘星。随着课堂、学校和社区越来越接纳残障学生，我们为学生和教师提供支持的方式也在发生变化。融合教育的范式发生了转变，可是助理教师有时候却得不到专业的指导，只能自己努力“与时俱进”。本书包含融合教育最前沿的发展成果，不管您是受益于融合教育的人，还是致力于为所有学生提供更好教育的人，都可以从中有所收获。

我很骄傲地把这本书推荐给所有人，不管您承担什么工作，我都希望您能从一位助理教师的角度看这本书，因为他们的工作应该得到赞扬和重视。如果我们支持助理教师，他们就会支持我们的学生、我们的课堂、我们的教师，他们甚至还能帮助我们更好地理解如何支持助理教师这份不断变化而又极为重要的工作。

谢利·穆尔，教育硕士（Shelley Moore, M.Ed.）
加拿大不列颠哥伦比亚省 Outside Pin 咨询公司研究员
融合教育倡导者

前言

我们愿意和其他孩子互动，也时刻准备着与他们互动，成年人必须悄悄地潜入幕后，把他们的帮助伪装成一只隐身在众目睽睽之下的老虎。这是成年人需要的伪装，他们要为我们友谊的发展铺路，然后退后一步，尽量隐身，看着我们踏出复杂的舞步，一点点获得自信的感觉。

——杰米·伯克（Jamie Burke）

一名有孤独症的大学生，现就读于雪城大学①

（Tashie, Shapiro-Barnard, & Rossetti, 2006, p. 185）

费利西娅是怎么做的？

几年前，我们在纽约一所公立中学工作，为学区的融合教育改革提供支持。第一次见到费利西娅，是在一堂六年级的通识教育课上，当时上的是英语语言艺术（English and Language Arts, ELA）课，90 分钟。她作为助理教师，负责为班上的两名学生提供支持。就在那天，我们看着她在教室里穿梭，做了很多很多：帮着学生做好上课准备，让学生谈谈自己生活中特别的事情，检查学生的家庭作业，给出鼓励性的评价，给阅读组的学生找好学习伙伴，学生步入正轨的时候就退居幕后，鼓励一名不会说话的学生和同学聊天，跑到校医那里给学生找创可贴，把讲课老师发出的指令写在黑板上，给小组学生朗读课文，（不着痕迹地）给孩子们提供视觉提示，给下一堂课复印材料。费利西娅以闪电般的速度从容不迫地完成了这一切……所有这一切，就发生在 90 分钟的英语语言艺术课上！

那天晚些时候，在一个总结会上，我们和费利西娅及与她共事的普通教育教师

① 译注：雪城大学（Syracuse University），又称锡拉丘兹大学，成立于 1870 年，是一所位于纽约州中心的私立研究型大学。

们聊了聊，最令我们钦佩的不是她的工作效率和三头六臂，甚至不是她的充沛精力，而是她做到了杰米·伯克在本章开头所呼吁的事情。她为所有学生提供支持的时候真的做到了不着痕迹、无缝衔接。她真的做到了“把自己的帮助伪装起来”，为学生铺路、支持他们，同时又尽量隐身幕后，让他们自己迈出成功的一步。她为学生之间的交流创造了机会，不仅如此，一旦学生开始互动，她就离开他们，给他们留出自然互动的空间。她负责的工作是给班上的两名学生提供学业支持，她做到了，不过她同时为全班学生提供了支持，所以其他人并不清楚她是专门负责哪些同学的。费利西娅的支持是强大的，因为她允许学生做自己，让他们与别人自然互动，还将社交和学业联系起来。有时，她提供的支持是不着痕迹的，有时，她提供的支持又是大家都能看见的（为全班同学提供支持的时候）。不过，让我们印象最为深刻的是她的举重若轻，以及她在提供支持之后飘然而去的身影。

融合

我们没有一天不考虑融合的。那些了不起的学生，我们何其有幸能做他们的老师，每次想到他们，我们就会想到他们其实也是我们的老师，他们教会了我们很多东西。他们让我们明白，每个人都需要归属感，需要有朋友。每个人都有权拥有这些，有权学有意思的课程，有权接受好的教育，有权得到尊重，有权得到平等而温和的帮助和支持，有权体验到自己是课堂的一分子，有权在温暖而友善的环境中得到帮助与支持。这种情况越容易发生，我们为真正的学习打造的环境就越成功。因此，培养归属感，不仅仅是为了归属感本身，也是为了让学生与他人建立连接，感受到友善的氛围，这些都为学生未来的学业和社交发展打下了基础。因此，这是一本写给助理教师及其他团队成员的指南，帮助读者以平等而温和的方式接纳残障学生，推动融合教育。

本书内容安排

前三章是后面几章的基础。第一章主要讨论助理教师的作用，第二章回顾融合教育的历史背景，第三章介绍有关特殊教育的一些基本信息。这三章是必要的基础，能够帮助读者快速理解后续章节的框架，准确定位专业人员在学校和课堂中的角色。第四章主要讨论特殊教育环境中的合作问题，包括助理教师如何与学生及其家庭合作，如何与自己的所有同事合作。第五章旨在引导助理教师重新看待自己的学生。在这一章中，我们请助理老师“戴上滤镜”重新审视自己的学生，关注他们的能力和长处，重新思考那些负面的标签，这样做的目的是跟学生建立情感连接，更好地为所有学生提供支持。第六章到第九章介绍具体的方法，主要内容是如何在学业、社交及行为方面为学生提供支持，还有如何帮助学生提高独立性和抗挫折能力（resilience）①。这四章里提到的建议和工具都可以直接在学校中应用。最后一章专门讨论两个方面的问题：教师如何关爱自己、如何解决问题。在现有的教育体制下，为学生提供支持不是一件容易的事，教师要面临巨大的挑战，还要解决极为复杂的问题。第十章旨在为助理教师出谋划策，倡导大家更好地关爱自己，以此保证学生得到最好的支持。

在这本书里，我们提供了许多自我反思的机会，很多有助于将所学内容应用到具体情境中的活动，还有帮助读者记住所看信息的小测，以及为读者的在校工作提供支持的可复制的模板和工具②。书中还提供了许多数字化资源和工具，针对一些常见问题给出了解答，每章最后还提供了简单的待办事项列表。我们希望这些机会、工具和资源能够让读者觉得很有意思，并能给读者赋能，将书中讨论的理念和策略付诸实践。

本书受众人群

现在越来越多的学校开始接受融合教育的理念，助理教师则成了融合教育是否成功的关键性因素，因为他们身处融合教育的最前线——学生能否有机会上课、能否有机会与同学接触，助理教师在日常决策中都起到关键作用。我们非常看重助理教师，因为他们在促进学生学习和保证融合教育团队工作效率等方面起着关键作用。这意味着助理教师也需要且应该得到适当的培训和支持，这样才能帮助学生取得进步，并且与专业团队高效合作。本书主要面向的读者是想要了解如何在融合教育课堂中为学生提供教育支持的助理教师，不过我们觉得特殊教育教师、普通教育教师、教育管理者及家长也都应该看看，因为他们都是团队的一分子，共同在融合教育环境中为学生提供支持。

---

① 译注：resilience 是心理学中的专业术语，常被译作“心理弹性”。在本书中，resilience 不作为专业术语，所以译作“抗挫折能力”。

② 编注：关注微信公众号“华夏特教”，即可在“知识平台”板块获取相关资源的电子版文件。

特殊教育教师

特殊教育教师负责在融合教室里为学生提供支持。本书介绍了在融合教室为所有学生提供支持的方法、策略和建议。特殊教育教师还经常负责监督助理教师的工作。因此，助理教师也可以和特殊教育教师一起阅读本书并展开讨论，集体备课和读书会的形式都是很好的选择。

普通教育教师

普通教育教师是课堂团队的重要组成部分。多了解助理教师，多了解一些支持策略，可以让普通教育教师将教学与需要提供的支持服务整合，给学生更适合的教育服务。因此，助理教师也可以和普通教育教师、特殊教育教师一起阅读本书并展开讨论，集体备课和读书会的形式都是很好的选择。

教育管理者

教育管理者需要监督助理教师的工作，努力打造融合的学校环境，对他们来说，本书也是一个宝贵的资源。

残障学生家长

家长也可以从本书中了解到助理教师在融合课堂提供支持的最佳做法。对于家长来说，本书还是一个资讯来源，能够保证孩子的助理教师接受适当的培训和支持。

负责教师专业发展的工作人员

本书介绍了为残障学生提供支持的新方法。助理教师和学校中状况最复杂、最困难的学生打交道最多，他们常常是最需要专业发展的人。为了给助理教师提供必要的知识、支持和资源，我们建议将本书纳入助理教师在职培训内容。

第一章　助理教师

我得知自己被录用了，我知道我要为一位名叫海伦娜的学生提供支持。可是直到开学，我都还没见过她，我不太确定自己每天都要做什么。我觉得，要是能了解一下助理教师的工作都需要做什么，或者接受一些培训，那就太好了。

——玛利亚（助理教师）

我不可能把这个世界需要的所有好事都一一做到，但是这个世界需要我做到最好。

——亚娜·斯坦菲尔德（*Jana Stanfield*）

和玛利亚一样，每年都有一些助理教师入职的时候没有接受过培训，也不太了解如何为残障学生提供支持。不过，也有一些助理教师是有教育相关学位或者相应的教学工作经验的。本书旨在为承担这份工作的人提供支持，不管是谁，不管之前对这份工作了解多少、接受过多少培训，本书都可以为他们就下列议题提供基本的资讯和指导。

- 成为一名助理教师意味着什么；
- 融合教育的基本资讯；
- 特殊教育资讯；
- 如何在团队中工作；
- 如何看待自己支持的学生；
- 如何提供学业支持；
- 如何提供社交支持；
- 如何提供行为支持；
- 如何培养学生的独立性；
- 如何既做好这项极为重要的工作，又照顾好自己。

本书将为您提供大量的资源和策略来支持您的工作，其中有些带有图标的任务，我们建议您积极完成这些任务。

为了深入理解本书讨论的概念，还可以特别注意下列图标标示的重要信息。

本书旨在帮您做好准备，承担不可思议的日常工作——以可靠而积极的方式为残障学生提供支持。首先，让我们一起走进一间幼儿园教室，认识一位名叫海伦娜的学生。

海伦娜来到了幼儿园教室。她的朋友山姆朝她打了个招呼。两个人一边去放文件夹，一边兴奋地聊着周末都干了什么。海伦娜的助理教师玛利亚帮她把带回家的文件夹从书包里取出来，放到指定位置，接着又帮她脱下外套、靴子和连指手套。山姆跑到自己的桌子旁边，海伦娜紧随其后，坐着电动轮椅来到自己的桌子前。玛利亚跟在他们后面，在他们旁边坐了下来。

海伦娜是一位很有创意、很聪明的小女孩，她有助理教师为她提供支持。因为患有脑瘫，她在校期间需要有人帮她完成某些任务。集体活动的时候，助理教师玛利亚帮她找好自己的位置，上课的时候帮她用电脑回答问题，如果她对课文和作业有什么想法，玛利亚会帮她写出来，还会帮她与班上其他孩子进行社交互动。海伦娜有肢体障碍，这种情况就是需要玛利亚这样的成年人定期和持续地为她提供支持，这样才能保证她以有意义的方式参与班级活动，真正地融入自己的班级。

本章将让您看到能力出众的助理教师是如何工作的。首先，我们会介绍助理教师这个称呼意味着什么，然后概述助理教师的由来。接下来，我们会讨论其他重要信息，助理教师想要提供有效支持，就必须了解这些信息，比如助理教师需要承担哪些工作，助理教师可以带来哪些益处，助理教师的工作场景都有哪些，最常处理的任务都有哪些，除此之外，还会讨论一些常见问题。

“助理教师”是什么意思？

我们觉得，在正式给出这个词的意思之前，有必要跟您说说这个词的前缀“para”的意思——“在旁边”或者“一起”。因此，“助理教师”的意思就是和教师一起工作的人。“一起工作”的助理职位在很多行业中都是非常关键的，也很受人尊敬。例如，在餐馆里，副厨负责洗菜、切菜、剁碎食材，做好准备工作，在此基础之上，主厨才能把食材放在一起，做出美味佳肴。在医学领域，医师助理协助医生向病人提供医疗服务。在法律领域，律师助理负责处理一些基本事务，比如提交辩护状、起草文件，为律师的工作提供支持。在教育领域，您作为助理教师，就要为教师的工作提供支持，以便提高教学效果。

从某种程度上说，助理教师在课堂上的角色与上述这些领域的助理类似，他们在普通教育教师和特殊教育教师的指导下工作。虽然助理教师的职责不是制订教学计划，但是，如果他们能够有效地执行某些重要任务（助理教师接受专门培训就是为了完成这些任务），就是对课堂教学做出了重要贡献。残障学生在不同的环境中如何获得支持，对支持做出何种反应，这方面的想法和信息经常来自助理教师。简而言之，助理教师就是协助保证课堂高效运行的重要合作伙伴（Causton-Theoharis, Giangreco, Doyle & Vadasy, 2007）。

法律上是如何定义“助理教师”的？

2004 年颁布的《残疾人教育促进法》（Individuals with Disabilities Education Improvement Act, IDEA, PL 108–446）中，第 14B 款对“助理教师”这个身份是这样定义的：

> 助理教师……根据国家法律、法规或书面政策，接受适当的培训和监督……协助教育团队给残障儿童提供特殊教育和相关服务。（20 U.S.C. § 1412）

法律资讯

换句话说，聘用助理教师的目的是为残障儿童的特殊教育服务提供支持。助理教师应该在入校之前和在职期间接受有资格认证的普通教育教师和特殊教育教师的培训和监督。因此，本书被许多学校纳入了培训内容。

根据 2001 年颁布的《不让一个孩子掉队》（No Child Left Behind, NCLB, PL 107–110），“助理教师”指的是：

> 受雇于幼儿园、小学或中学（包括受雇于语言教学项目、普通教育项目、特殊教育项目或移民教育项目），并在经过认证的或持有执业资格的教师监督下工作的人（20 U. S. C. § 119）。
>
> 根据《不让一个孩子掉队》，所有的助理教师都要：
>
> - 在高等教育机构完成两年以上的学习；
> - 获得副学士[①]（或以上）学位；
> - 符合严格的考核标准，在正式的学术评估中能够表现出：
>   - 具备协助教学的知识和能力，包括阅读、写作和数学课程；

① 译注：副学士是一种源自美国和加拿大的学位等级，与高级专科文凭相比，更侧重专业学科的基础理论知识学习。其课程可与本科课程和专科课程直接衔接。

- 具备协助做好阅读、写作、数学课程的适当准备工作的知识和能力。（20 U.S.C. § 6319 [c]）

现在我们已经列出了“助理教师”在法律中的定义，也阐明了法律上对于从事这份工作的资格要求，接下来要讨论的是：在实际生活中这个称呼意味着什么？从事这份工作的您可能会有什么头衔？您的学生希望从您这里获得什么？您在实际工作中要做什么？

我的职位是“教学助理”，这和“助理教师”是一样的吗？

别人可能不会用“助理教师”称呼您，而是用“教学助理”或者其他词称呼您。“助理教师”这份工作经历了很多变化，同样，这个称呼也经历了很多变化，直到现在，不同学区对其的称呼可能都不一样。对于“助理教师”这个职位，常用的称呼有助手、助理、辅助教育工作者、教育技术员、一对一助理、教师助手、项目助理、文书助理、教育助理和教学助理等。虽然称呼不同，但其工作职责都是相似的，只是所支持的学生数量或分配到的工作任务有所区别。一对一助理一般是为一名学生提供一对一支持，教学助理通常是为更多的学生提供支持，文书助理主要做的是教学材料方面的工作，项目助理一般是为整个班级提供支持资源。

助理教师的工作都有哪些？

助理教师每天需要负责很多事情。每位助理教师所在学校不同，负责的事情可能也不同。一般来说，在学校工作的助理教师可能会负责的事情包括教学工作、行为支持、文书工作、监督工作、计划或准备工作，以及个人看护工作（Giangreco, Broer & Edelman, 2002）。表 1.1 列出了每种类型的工作并且给出了相应示例。这些例子只是可能分配给您的工作，实际上您也可能被分配做其他工作。

表 1.1 常见的助理教师工作职责

工作类型	示例
教学工作	跟学生一起复习词汇 再次讲解数学方法 跟学生一起预习课文 组织学生做兴趣活动 在科学实验期间帮助小组学生

续表

工作类型	示例
行为支持	使用正强化 满足感官需求 执行行为计划 帮助学生平静下来
文书工作	复印材料 落实教师对计划做出的修改 放大资料中文字的字号
监督工作	在操场上、校车上、餐厅里照看学生
计划或准备工作	组织数学或词汇游戏 制作沟通板 准备材料或者给材料贴上标签
个人看护工作	体育课之后帮助学生穿衣服 学生穿脱外套的时候提供支持 帮助学生梳头或者刷牙 帮助学生上卫生间

反思

花点时间考虑一下自己目前每天扮演的角色和承担的职责与表 1.1 中的角色和职责一致吗？如果不一致，您希望将表中列出的哪些角色和职责加入日常工作中？花点时间写下来。新加进来的角色和职责是否涉及与同事合作？想要学生取得进步、自己的专业工作取得成功，团队合作至关重要，因此，本书第四章将会讨论如何与普通教育教师和特殊教育教师合作，讨论并明确自己的角色和职责。

工作职责还取决于您负责提供什么类型的支持。您可能负责提供一对一的指导和小组教学，也有可能负责观察学生和收集有关学业支持或行为支持的数据，还有可能负责在操场上、午餐时或校车上照看学生，协助控制学生行为，或者负责打字、录入成绩和复印材料等文书工作（French, 1998）。

换一种方式描述您的工作职责：学生对您的期待

在介绍助理教师时，法律定义、职位称呼和实际的工作内容描述都是非常有用的，不过我们觉得所有描述中最重要的是直接来自学生的说法。

希望您能听我说。希望您能向我学。希望您能观察我。希望您能向我提问。希望您能帮我建立归属感。希望您时刻准备帮我，也希望您能给我空间。希望您能相信我有学习能力。希望您能帮我交朋友。希望您能允许我有失败的时候。希望您能鼓励我独立。希望您能喜欢我。希望您总是好言待我。希望您能问我："你需要什么？"希望您能让我有安全感。希望您能用心待我。希望您能尊重我。希望您能温和亲切。希望您能让我信赖。希望您能记住，我首先是个人。希望您能小点声，尽管我可能很大声。希望您能鼓励同学互相帮助。我难过的时候，希望您能为我擦干眼泪。希望您能帮助我和同学联系、交流。希望您能相信我们可以发展友谊。希望您能为我的与众不同喝彩。希望您能让我们一起创造、一起大笑、一起开心。希望您始终相信我有能力。希望您能以最善意的视角解读当时的情况。希望您能激发我的好奇心。希望您不要控制我。我开心的时候，希望您能退居幕后。希望您能让我自己选择。希望您能放松心情。希望您自己也能学习。希望您能问我："怎么才能更好地帮助你？"我做得好的事情，希望您能告诉我的父母或者监护人。希望您能帮助我取得进步。我遇到困难的时候，希望您能帮我换个思路。希望您能深呼吸。希望您说话的时候温柔亲切。希望您鼓励我的时候温柔亲切。希望您帮我换个思路的时候也温柔亲切。希望您能配合我的节奏。希望您能用爱心引导我。希望您能看着我成长。希望您能永远接纳我，希望您能始终帮我融合。

助理教师的由来

融合教育的历史对助理教师的就业产生了很大的影响（Chopra & Giangreco, 2019）。直到 1975 年，《所有残疾儿童教育法》（Education for All Handicapped Children Act, EAHCA, PL 94-142）实施之后，残障学生在公立学校接受教育的权利才得到法律保护。在这之前，残障学生主要是在家学习，或者是在单独的地方或机构接受教育。

人们认为残障学生无法像普通学生那样学习，也不需要有资质的教师为他们提供支持。因此，在 1975 年以前，一般是类似助理教师的人为残障学生提供支持（Brown, Farrington, Knight, Ross & Ziegler, 1999）。

但是，20 世纪 70 年代到 80 年代，残障学生家长发起了一场声势浩大的运动，要求让这些学生进入普通教育环境，和普通同龄人、朋友和邻居伙伴一起接受教育。恰在这时，普通教育改革拉开了帷幕（Will, 1986），家长们也开始了解“回归主流”[①] 的教育理念，其实也就是我们现在所说的“融合教育”。随着残障学生开始参与普通教育课堂的教学活动，助理教师的作用也发生了变化。从这时起，助理教师开始提供更多的学业和行为支持。

到了 20 世纪 90 年代，普通教育学校开始大面积接收各年龄段的重度障碍学生，助理教师的岗位也大幅增多。从 2000 年到现在，推行融合教育、相信残障学生可以做得很好，这些理念已经成为法律强制的要求。最近出现的两个诉讼案例——安德鲁 · F. 诉道格拉斯县学区案（2017）和 L. H. 诉汉密尔顿县案（2018）——又对《残疾人教育法》（Individuals with Disabilities Education Act, IDEA, PL101-476）进行了进一步阐释：（1）安置残障学生的时候应首选普通教室；（2）为学生提供适当的支持和服务，让他们有机会达到更高要求和期望。

因此，聘用助理教师来为融合教育环境中的学生提供支持的做法越来越普遍了（美国教育部，2020 年）。随着重度障碍学生开始进入普通教育环境，助理教师的作用变得比以往任何时候都更加重要。

从看护照顾到促进学习

美国的助理教师大约有 1,380,300 人，这一数字还在不断攀升（美国劳工部，2019）。这种增长源于很多因素，其中，进入普通教育课堂的重度障碍学生越来越多，需求非常复杂［比如孤独症谱系障碍（Autism Spectrum Disorder, ASD）和认知障碍］的学生越来越多是最主要的因素。此外，被认定为有障碍的学生人数也在缓慢增加。许多教育工作者认为，助理教师的支持是融合课堂成功的关键。换句话说，正是因为有了助理教师的陪同，学生才能进入普通教育环境接受融合教育。

---

① 译注：回归主流，也译为“一体化”，是实施特殊教育的一种思想体系，与“隔离式教育”相对。

此外，助理教师的职责比以前复杂得多，从前是负责看护照顾，现在是负责促进学习。过去，残障学生都是在专为残障孩子设置的教室里单独接受教育，助理教师提供的支持主要是个人护理，或者让学生有事可做即可。重度障碍学生的学习目标基本上都是提升生活技能和与就业相关的技能。例如，不管学生年龄大小，教师给学生安排的活动都是学做饭、练穿衣，或者学习餐桌礼仪。因此，助理教师的作用主要是看护照顾残障学生。

现在，这个领域的教育工作者已经认识到，残障学生与普通学生一样有学习能力。联邦法律规定，教育工作者必须相信学生有能力学习普通教育课程并取得进步。因此，目前，在很多学生的个别化教育计划（Individualized Education Program, IEP）里，其教育目标与同龄普通学生已经相差不大。助理教师现在负责使用适合学生年龄的材料协助教育学生，还负责为他们提供条件，帮助他们发展复杂的社交关系、建立友谊，因为有了这些新任务，助理教师已经成为教学团队中不可或缺的成员，他们的新职责也越来越有挑战性。

助理教师的新角色

目前，助理教师的职责各不相同。您的具体职责很可能取决于课堂环境，以及您所支持的学生都有哪些独特需求。同样是助理教师，在幼儿园工作的和在高中工作的，负责的事情却大有不同。不过，总的来说，这些职责都在为学生提供社交、学业、身体及行为方面的支持的范围之内。

社交支持

社交支持包括帮助学生与同学建立和维系友谊。例如，助理教师可以帮助学生与同学交流，在小组活动的时候帮助学生选择同伴，或者在课间休息的时候帮助学生找到朋友一起玩。

学业支持

学业支持指的是在学生学习课程内容和新东西的时候为学生提供帮助。例如，您可能会负责帮助学生准备考试、给学生概括一章的学习内容，或者把昆虫标本放在一起。学生在学校所做的任何学业任务都有可能需要助理教师的支持，这些支持都是基于学生的个性化需求。

身体支持

有些孩子还需要身体上的支持。例如，坐轮椅的孩子在吃饭、穿衣的时候就需要帮助，从座位上站起来的时候也需要帮助。因为肢体障碍，有些学生需要更多的身体支持。

小测

以往助理教师都有过哪些角色？将以往的角色与现在做对比。

行为支持

还有一项工作是所有助理教师都会承担的，那就是为学生提供行为支持。例如，给孩子一个指尖玩具或其他满足感官需求的物品让他把玩，这样就可以帮助学生在朗读或听课期间集中注意力，还可以在关键时刻给予学生正强化，或者帮助学生在适当的时候做些运动，这样他们坐着上课的时候就能更好地专注于要做的事情。

您为学生提供什么类型的支持、支持力度应该有多大，依据的是学生的个别化教育计划。您所属的教育团队也应该帮助您明确在课堂上和学校里的职责。一般来说，您的职责就是帮助学生巩固和复习已经掌握的技能，学习行为规范，还有可能提供个人看护或移动支持。每个学生都是独一无二的，所以您的具体工作将取决于您所支持的学生有何需求。

教室设置

为学生提供社交、身体、学业和行为方面的支持将是您日常工作的核心。但是，您在哪里提供这些支持，取决于您在哪个地区、哪所学校，您具体负责哪些工作，还取决于您所支持的学生是什么样的。您可能绝大部分时间都在同一个环境中工作，也有可能在不同的环境中工作。

融合教室

一般来说，融合教室指的是残障学生和普通学生一起接受教育的地方。您可能还听过其他说法，比如普通教育教室、协同教学教室、三年级教室、普通教室或典型教室，还有一个说法叫主流课堂，也是融合教室的意思，不过是比较过时的说法。想要了解有关融合的更多资讯，请看第二章。

非融合教室

虽然本书的重点是在融合教室为学生提供支持，但是您也可能会发现自己要在不同类型的教室里工作。下面介绍其他类型的教室设置，这些教室都属于非融合教室。

资源教室

一般来说，学生在资源教室里学习的时间很短，学生进入资源教室主要是为了学习某项技能或某个科目，学完之后要回到普通教室。在资源教室里，教学活动通常是以小组教学的形式进行，由一名教师教一个小组的学生，或者由一名教师对学生进行一对一指导。

隔离教室

隔离教室指的是专为残障学生设置的教室。设置这种教室的初衷，是将学习需求相似的学生集中在一起。但是，这种教室引起了很大争议，因为在隔离教室的学生几乎没有跟普通学生互动的机会。

隔离学校或特殊教育学校

隔离学校或特殊教育学校，都是为残障学生设置的，他们在学业、行为或者社交方面的需求类似，上学期间，他们在这里接受教育。对这种学校也存在非常大的争议，因为在这里学习的学生整天都没有机会接触同龄的普通学生。

社区本位教室

有些助理教师在社区环境中工作。如果您在社区本位教室工作，那么您所在的学校可能是高中。社区本位教学的理念基础是有些学生需要为融入社会生活做好准备，这些学生常常需要学习与工作技能和生活自理技能相关的课程。因此，这些学生会在社区接受教育。社区本位教室所在的场所包括工作场所、休闲场所、杂货店或其他社区场所。

助理教师的作用

助理教师提供的重要支持对教师和学生都有帮助。他们会让学生反复练习技能或者复习所学概念，这就为学生提供了更多学习机会。他们还为学生提供更加个性化的指导，在校期间甚至还能帮助学生与同学积极互动。助理教师的存在让教师有更多的我们希望您能认识到这些知识、背景和经验都很独特，会给您的工作带来益处，您应该为此自豪。

备课时间，也更有可能为更多的学生提供个性化的支持。有助理教师在教室里工作，残障学生可以得到更细致的观察和支持，也能更充分地参与课堂。

助理教师的工作背景丰富多样，技能和才能也都各有不同。有的助理教师有商业背景，有的会多种语言，还有的助理教师是艺术家、音乐家、运动员或运动队教练。许多助理教师有不同领域的执业资格，还有些人可能在其他国家获得了执照。有些助理教师是退休教师，还有些人目前正在学校学习，打算考取教师资格证。这些年来，我们遇到了成千上万的助理教师，他们有着不可思议的才能，各自的经历也是精彩无比，所有这些都可以使他们所支持的学生和教师受益。我们希望您能认识到这些知识、背景和经验都很独特，会给您的工作带来益处，您应该为此自豪。认识到自己的独特优势后，您就能知道如何在课堂上利用自己的各种技能、才能和经历为学生和教师提供最好的服务。

反思

- 您会如何描述自己作为助理教师的职责？
- 您有哪些独特的技能、才能和背景知识是可以应用到工作中的？
- 如何利用这些技能、才能、背景知识为学生和老师提供支持？

有关助理教师的角色，最常见的问题

常见问题

问：我应该向谁报告工作呢？

答：一般来说，助理教师被分配给哪位特殊教育教师，就应该向哪位特殊教育教师报告工作，此外，还需要向校长或特殊教育主任等管理者报告工作。不过，您也可能会与普通教育教师和相关服务提供者（如作业治疗师、物理治疗师、言语语言治疗师）密切合作，因为他们也有可能为您提供指导。

问：我怎样才能获得一份岗位职责说明呢？

答：一般在网上就能找到。如果找不到的话，向人力资源部的工作人员或特殊教育主任要一份就可以。大多数学区都给助理教师提供岗位职责说明。

问：我可以组织小组讨论吗？

答：可以，在有资格认证的教师的指导下，您可以组织小组讨论或带学生一起复习材料。一般来说您不能讲授新内容，不过您可以带着学生复习巩固有资格认证的教师教过的内容。

问：我可以自己教一整节课吗？

答：助理教师一般不给全班学生讲授新内容，但您可以负责给全班朗读课文，或者在有资格认证的教师的指导和监督下为全班学生提供支持。

问：我负责支持的学生最终由谁负责？

答：由被指派为这名学生提供支持的特殊教育教师和普通教育教师负责。有时，大家会用"个案经理"或者"服务协调员"这两个词称呼被指派为学生提供支持的特殊教育教师。

问：我应该按照书面计划开展工作吗？

答：是的，您应该按照书面计划开展工作。如果没有书面计划，可以向和您一起工作的特殊教育教师索要。值得注意的是，他们提供的计划不会细化到每一天的每一分钟，计划一般包括一天中不同时段的日程安排。

本章小结

为了高效地完成工作，了解自己的角色和职责是非常必要的。本章讨论了助理教师工作的重要性，回顾了助理教师这份工作的由来和演变，讨论了助理教师当前的角色和职责，并且回答了一些常见问题。绝大多数时候，助理教师是在各种各样的融合环境中为接受特殊教育服务的学生提供支持，所以下一章将会介绍融合教育的背景。

待办事项

待办事项

看完这一章后……

- 完成本章的反思活动。
- 复习常见的助理教师工作职责（表 1.1）。把您经常做的工作标注出来。再把您想要进一步了解的内容用不同颜色标注出来。

- 关于这一章，您有哪些具体问题，全都写下来，和团队成员一起讨论这些问题。
- 庆祝一下（如散散步、喝咖啡、在客厅跳跳舞），恭喜自己已经开始看这本书，并且准备努力去了解这份重要的工作了。

第二章　融合教育

> **如果树林里只有那些唱得最好的鸟儿在唱歌，那这片树林就会非常寂静。**
>
> **——亨利·范戴克（Henry van Dyke）**

残障学生与没有残障的普通学生分开接受教育，这种事并没过去多久。值得庆幸的是，现在绝大多数学生都在多元化的融合环境中接受教育。如果学生能够得到适当的支持，这些教育形式可以最大限度地促进他们在学业和社交方面的发展。

本章首先明确一些基本概念，如归属感、相关法律概念、融合教育的定义及其特征、个别化教育计划，还会介绍一些信息，如融合教育的历史发展，还会讨论一些常见问题，这些对理解融合教育的理念非常必要。

归属感

> 我有能力帮助打造一个接纳和宽容的环境。我每天都在示范什么是接纳和融合。我总是在想，如果我在学业上遇到挑战，我希望得到怎样的支持。我努力支持和尊重每一位学生。
>
> ——埃米（助理教师）

学生需要进入普通教育环境融合，一个主要原因就是每个孩子，不管有没有障碍，都有权利寻求归属感。他们有权感觉自己属于这个学校、属于这个班级，也有权不因自己与众不同而被孤立。人类渴望友谊、渴望与他人发展关系，也需要学习更多知识、接受更多挑战。残障学生也不例外。花一分钟想想自己的经历吧。有没有那样一个场合让您觉得自己真的很有归属感，可能是在某个团体或者俱乐部，或者是在某个工作环境。不管是什么场合，回想一下自己在那群人当中有什么感受、有什么表现。归属感带来的那种自在感觉会让大多数人都很有安全感。这也意味着，在这样的环境氛围中，绝大部分人都愿意去尝试、去奉献、去分享、去学习。如果您感觉自己和这一群人关系很紧密，就会更愿意表达，做事更投入，也更愿意展现真实的自己。孩子也是这样。

反过来，再回忆一下，有没有那样一个时刻，您觉得自己没有归属感，或者觉得自己被排斥在集体之外。您有哪些表现？您有什么感觉？在那种情况下，很多人会很难过或者觉得受到了伤害，他们会变得孤僻，游离于集体之外。也有人的反应是离开那种环境，或者生气。孩子在学校也是这样。

反思

- 回忆一下，有没有那样一个时刻，您觉得自己真的很有归属感。您有什么感觉？您有哪些表现？
- 再回忆一下，有没有那样一个时刻，您觉得自己被孤立、被排斥。您有什么感觉？您有哪些表现？
- 归属感对您的专注力和学习能力有何影响？对您参与活动的能力有何影响？
- 归属感对学生的专注力和学习能力有何影响？对学生参与活动的能力有何影响？

融合教育是一种教育形式，这种形式不会把学生置于单独的环境中，而是让学生有机会参与普通教育学校的学习和生活，因为学生需要感觉自己与群体有联系、与学校有关系，这是非常必要的。这不仅对自我价值感很重要，对学习也很重要。

和教师、助理教师一起工作的时候，我们就问过他们前面这几个问题。他们的回答如表 2.1 所示。

请仔细看表中的回答。想一想这些回答符合您所在学校学生的情况吗？您在学校见过看起来很不舒服或者经常发脾气的学生吗？见过很孤僻或者很痛苦的学生吗？有些学生的表现，一看就知道他们觉得自己没有归属感，您见过这样的学生吗？相反，有些学生做事很投入，不怕展现自我，在学习上愿意去尝试、去冒险

（如在课堂上举手），您见过这样的学生吗？我们常常见到很有归属感的学生，也常常见到没有归属感的学生。帮助学生获得归属感，是助理教师在学校最重要的工作之一。

如果特殊教育是把学生排斥在普通教育之外，把他们放在单独的教室、走廊或学校，那么这些孩子的表现就不会好，学习也不会好。全国所有学校的管理者和教师们都在反思这种做法（Bui, 2010; Ryndak et al., 2014）。将学生隔离起来，会让他们觉得自己跟别人不一样，不是学校的一分子。这种隔离对学生的自尊自信和学习能力都有切实的影响（Peterson & Hittie, 2002）。融合教育的基础，就是认同所有人都有寻求归属感的权利，这是基本人权。

表 2.1　被接纳和被排斥的不同感受

被接纳的时候	被排斥的时候
我感觉有人爱我	我感觉很生气
我感觉有人关心我	我想缩回去
我勇于尝试新东西	我不想说话
我觉得自己很聪明	我觉得很痛苦
我展现真实的自己	我哭
我经常开怀大笑	我觉得不舒服
我很有创造力	我不参与活动
我愿意学习新东西	我想方设法逃避集体

反思

- 回想一下自己上学的时候，残障学生在哪里接受教育？
- 有些学生需要更多、更有力度的支持，他们都去了哪里？
- 那些有问题行为的学生呢？他们又去了哪里？
- 你们当时是不是根据能力分的学习小组？
- 您在能力低的组还是能力高的组？对您来说那是什么感受？
- 您可能上过这种学校，残障学生集中在走廊一头的单独教室或在单独的教学楼里上课。您也可能上过这样的学校，残障学生就坐在您的旁边。或者，还有一种情况，在您的学校里，有些残障学生在普通教室里融合，有些残障学生则在特殊教室。每个人对融合教育的看法可能都源于自身的受教育经历。

融合教育的历史

在 1975 年之前，残障学生的上学权利是没有法律保护的。因此，很多重度障碍的学生都是在隔离学校或机构里接受教育，还有些学生根本没有接受过教育。1975 年，美国国会通过了《所有残疾儿童教育法》，该法案于 2004 年被重新修订，并更名为《残疾人教育促进法》。这部法律规定所有残障学生都有权接受公立教育。事实证明，对于残障学生及其家庭来说，这是一个了不起的成就。根据《残疾人教育促进法》，所有残障学生都有权在最少受限制环境（Least Restrictive Environment, LRE）中接受免费、合适的公立教育（Free Appropriate Public Education, FAPE）。

免费、合适的公立教育

法律资讯

为了准确理解这个术语对于残障学生及其家庭的意义，把这几个词分开看比较有用。

免费

免费的意思是所有残障学生都有权上学，为了满足其独特的教育需求所必需的支持、辅助、服务、合理便利（accommodations）及适当调整（modifications）均应由公费负担，无须家庭付费。

合适

合适的意思是必须为残障学生提供辅助技术、支持资源、辅助服务、合理便利及适当调整，使他们能够参与学业及课外活动。这些信息都要写进学生的个别化教育计划。

公立教育

不管是什么样的公立学校，都必须保证提供特殊教育。

最少受限制环境

《残疾人教育促进法》中并没有提及“融合”这个词，但是却明确提到了“最少受限制环境”这个术语，用来支持融合的理念。2004 年修订的《残疾人教育促进法》规定所有残障学生都有权在最少受限制环境中得以安置。

最少受限制环境指的是，在适合的前提下，学区应最大限度地让残障学生与没有残障的同龄人一起在普通教育学校接受普通教育，并为他们提供适当的辅助与支持，这些辅助与支持被称为额外的辅助与服务（IDEA, 2004）。

定义

根据最少受限制环境的规定，安置残障学生的时候应首选普通教室，之后才考虑其他限制比较多的环境。从图 2.1 中可以看出，为有资格接受特殊教育的学生提供的服务是一个连续体。

2004 年修订的《残疾人教育促进法》有很多重要变化，其中之一就是要求给残障学生学习普通教育课程的机会。具体来说，按照修订法案的要求，残障学生：

- 要有机会学习普通教育课程；
- 要充分参与普通教育课程；
- 能在普通教育中取得进步。

根据最少受限制环境的规定，安置残障学生的时候应首选普通教室，之后才考虑其他限制比较多的环境。

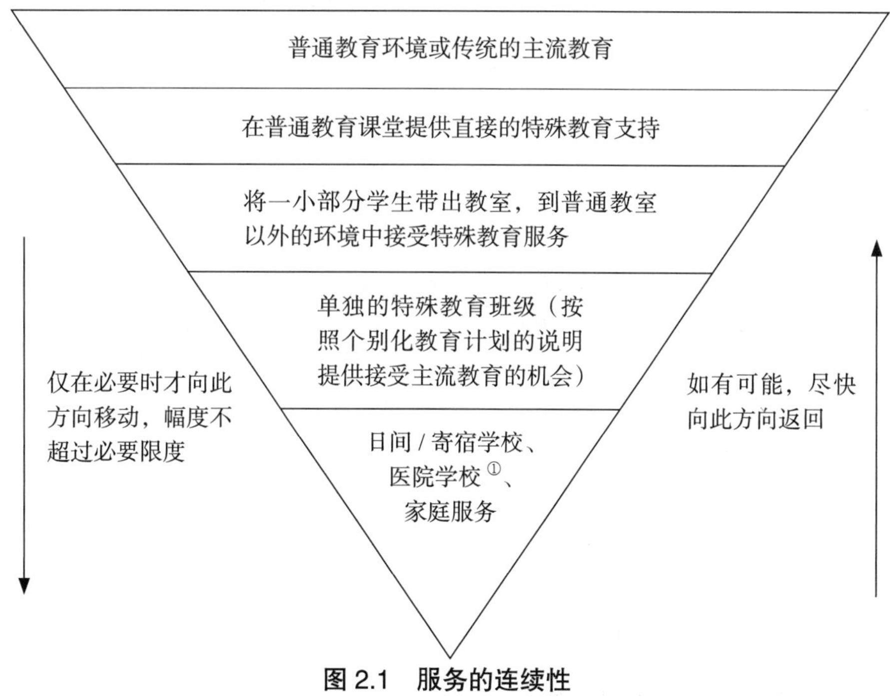

图 2.1 服务的连续性

① 译注：医院学校是特殊教育学校的一种，专指在医院内设立的学校，为长期住院而不能上学的病童提供教育服务。

什么是额外的辅助与服务？

从法律上讲，学校系统必须使用各种各样的额外辅助和服务资源在最少受限制环境中为残障学生提供支持。图 2.2 列出了额外辅助和服务资源的例子。可以看出，为学生提供的支持涉及环境调整、教学节奏、教学材料的呈现方式、教学材料、辅助设备、作业任务、自我管理、考试支持、社交互动支持及工作人员支持力度等方面。助理教师作为一种额外的辅助和服务资源，可以被指派给一个或多个学生，以便帮助他们进入普通教育课堂学习。

说明：考虑某一学生需要何种个性化的支持、辅助或服务的时候，可以参考此对照表，判断哪些形式的支持干扰最少，最符合其个性化的需求，对于当时的课堂情境来说最适合、最自然。

环境方面

________按需调整座位
________事先安排座位 ___校车 ___教室 ___餐厅 ___礼堂 ___其他地方
________调整室内环境布局（特别要求：________________________________）
________使用自习室或安静角
________详细划分区域并规定区域功能（如使用地板块或小块地毯区分、在地板上贴胶带划分）
________尽量减少分散注意力的东西或事情 ___视觉方面 ___空间方面 ___听觉方面 ___动作方面
________用肯定句告诉学生如何把握空间距离①

教学节奏

________放松时间要求
________教学活动多样化
________允许学生休息
________不留限时抄写的作业
________多备一份教材，假期在家预习下学期教学内容
________多备一份学习材料，在家预习或者复习时使用

教学材料的呈现方式

________根据学生的学习风格 / 智能优势施教 ___言语语言智能 ___数理逻辑智能 ___视觉空间智能 ___自然探索智能 ___身体运动智能 ___音乐韵律智能 ___人际沟通智能 ___自我认知智能
________使用主动体验式学习法
________使用特殊设计的专门课程
________使用手语或综合沟通法
________使用教学模型进行教学演示
________在数学教学中使用教具和实物
________重点突出关键内容或者主要意思
________提前讲解词汇
________制作、使用词汇表或者列出生词
________降低阅读材料的语言难度
________使用辅助交流法②
________使用视觉提示梳理想法 / 步骤
________让学生结对，一起阅读 / 写作
________课堂教学或者活动期间减少久坐时间
________使用日记或者学习日志
________录制课堂教学以及讨论过程视频以备回放
________事先准备笔记、概要或者整理工具（比如思维导图）
________（学生不懂）教学指令或者教师提出的问题时，教师重新组织语言 / 解释
________以简单语言预习和复习主要内容

图 2.2 额外的辅助与服务参考对照表（转下页）

① 译注：即让学生明白可以做什么、应该怎么做，而不是“不能做什么”

② 译注：辅助交流法（Facilitated Communication）至今颇具争议性，有很多研究证明其是伪科学。

教学材料

________每页内容不宜过多
________将教材以及其他课堂材料录制成有声书
________使用学习指南以及先进的整理工具
________使用补充材料
________辅助学生做笔记
________复制课堂笔记
________将考试试卷以及课堂笔记扫描，存入电脑
________使用大字课本
________使用盲文材料
________使用沟通本或者沟通板
________提供辅助技术和软件（比如 IntelliTalk①）

专门设备或者程序

________轮椅
________助行器
________康复站立板
________姿势固定装置
________电脑
________电脑软件
________电子打字机
________视频
________导尿管
________腿部支架
________卫生间辅助设备
________改装键盘
________语音合成器
________辅助开关
________呼吸器
________特制餐具，如盘子、杯子及其他材料
________扩大沟通设备

对作业进行改动

________将任务分解成小步骤进行（文字 / 图片 / 口头）说明
________如果学生能力无法满足课堂要求，另外布置其他作业作为替代
________给出口头指令，配有文字解释备用
________给出口头指令，辅以图片说明
________降低难度
________提高难度
________缩短作业长度
________减少书写作业
________将指令念给学生听或者录制下来
________给出提示或辅助
________允许学生录制作业或打字完成作业
________对作业单和作业包进行调整
________忽略拼写错误 / 字迹潦草

自我管理 / 跟进确认

________经常检查，确认学生是否理解 / 是否记住
________针对不是马上就交的作业，设计 / 书写 / 使用完成作业的长期计划，明确各个时间节点
________在不同的情境中教授技能，为泛化所学技能做好准备
________准备图片或文字形式的日程表
________准备学生日程安排表
________要求学生重复指令
________教授学习技能
________使用活页夹整理材料

考试调整

________提供口头解释或者将考题读出来，又或者既读考题又给出解释
________调整考卷形式，避免看起来太过复杂或引起混淆
________用图片进行解释 / 提问
________将考卷念给学生听
________事先检查考题的措辞
________考题要适用于真实生活情境
________安排单独考试
________使用简短回答
________使用选择题
________缩短考卷长度
________延长考试时间
________开卷考试，允许学生参考笔记或者教材

图 2.2　额外的辅助与服务参考对照表（转下页）

① 译注：IntelliTalk 是一种文字处理程序。

社交互动支持

______利用自然的同伴支持，多个同伴轮流“值日”

______在学校和课外活动中让学生与别人有共同的体验

______利用学生同伴，倡导支持接纳　　______着眼于社交过程，不纠结社交成果

______利用合作学习小组　　______教其他同学如何交友、如何分享、如何协商

______实施同伴辅导　　______创造社交互动机会（如玩“朋友圈”的游戏）

______教授社交沟通技能　___问候　___对话　___轮流　___分享　___协商　___其他技能

工作人员支持（先考虑上述支持形式，判断无效之后再评估是否需要工作人员支持）

______咨询　　______一对一辅助

______临时短期支持　　______团队教学（平行、辅助、互补或者协同教学）

______工作人员进入课堂提供日常支持　　______专业人员支持（如果必要，需明确所需时长）

______工作人员全程支持（工作人员与学生距离很近）

支持	**所需时长**
______教学支持	______
______医疗支持	______
______行为支持	______
______手语支持	______
______护理支持	______
______作业治疗	______
______物理治疗	______
______言语语言治疗	______
______扩大沟通支持	______
______交通支持	______
______咨询	______
______适应性体育支持	______
______转衔计划支持	______
______就业方向规划 / 灵活就业	______
______就业咨询	______

图 2.2　额外的辅助与服务参考对照表（接上页）

来源：Villa, R. A., Thousand, J. S., & Nevin, A. I. (2013). *A guide to co-teaching: New Lessons and strategies to facilitate student learning* (3rd ed., pp.198–201). Thousand Oaks, CA: Corwin Press, adapted by permission of SAGE Publications.
In *The Paraprofessional's Handbook for Effective Support in Inclusive Classrooms* by Julie Causton and Kate MacLeod.

反思

请看图 2.2 中列出的额外辅助与服务。哪些是您已经使用了的？把它们圈起来。再想想有哪些会帮到您现在负责支持的学生，记下来。

评估额外辅助与服务的效果，慢慢撤出额外辅助与服务

要为学生提供额外的辅助和服务，使他们有更多机会接触普通教育内容、普通教育环境，并与同龄人交流。不过，团队成员也要了解如何评估这些辅助与服务的效果，确定是否可以慢慢撤出这些辅助与服务，以便让学生独立完成技能或任务，如果可以撤出，还要确定何时撤出、如何撤出，并制订计划、明确时间和步骤，这些也很重要。例如，有一位名叫迦勒的学生，正在学习在交流中要看着对方，他的教学团队可能会使用很多口头和手势提示教他如何使用平板电脑（如 iPad）上的某个沟通应用程序来练习看着沟通对象。然后，团队可能会教他的同学使用这些提示，以便慢慢淡化只有成年人才可以给出提示的印象，这种做法可以增加他与同学的互动，倡导同学之间互相帮助。接下来，团队跟踪监测他在使用眼神方面的进步，同时制订一个消退计划，让同学也渐渐不再使用口头和手势提示。最终的目标是迦勒在没有同学或成年人支持的情况下也能使用眼神交流。

小测

解释下列术语（如果您需要帮助，可以回头复习本章内容）。

免费、合适的公立教育：

最少受限制环境：

服务的连续性：

额外的辅助与服务：

融合教育的定义

《残疾人教育促进法》中虽然没有明确提及“融合”这个字眼，但是隐含了这个意思，最少受限制环境和各种各样的额外辅助与服务就是用来支持融合的理念，支持在普通教育环境中提供特殊教育及其相关服务。为了更好地理解融合在学校环境中的含义，学者们给出了融合教育的定义。

昆茨（Kunc, 1992）将融合教育定义为：

> 对人类社群多样性的尊重与保护。如果我们完全接受了融合教育的理念，那就不会再有这样的想法：孩子必须要变得“正常”，对这个世界才有价值……我们就会看到，除了传统方

定义

式，其他方式也能让我们成为这个社群中有价值的一员，如果能够看到这一点，我们就会努力去实现这个目标——让所有孩子都获得真正的归属感，而这个目标，是可以实现的。(p. 20)

昆茨还为教育工作者提供了一种方法，从中可以看出融合教育理念在实践中的一些体现，详见表 2.2。如果我们能把这些做法综合起来使用，就可以真正实现面向全体学生的融合教育。

反思

看了昆茨对融合教育的定义以及融合教育的种种实践，想想自己的学校是如何实现融合教育的。你们学校的做法与昆茨列出的那些做法一致吗？您希望自己的学校推广哪些做法？

表 2.2　昆茨建议的融合教育实践

教室模式	在这种模式中，残障学生和普通学生都在普通教室接受教学，由普通教育教师和特殊教育教师共同负责，所有学生都能有所收获。
以学生为中心，了解学生特点	这种做法可以帮助教师了解残障学生和非残障学生的长处和困难，了解这些学生以自身条件为基础可以做到哪些事情。
日程安排	可以满足班级学生不同需求的时间表——没有学生需要被带出教室接受服务或者参加其他替代性活动，不会因此干扰日常计划和同伴关系。
课程设计	内容丰富、引人入胜的课程，经过调整或改动可以适合所有学生学习——如有需要，可以进一步进行个性化设计，以便满足某些学生的需求。
团队合作	负责提供支持的工作人员随机应变、协调工作，促进特殊教育教师与普通教育教师之间的合作，促进家校合作，促进教师与社区之间的合作。
课堂氛围	课堂氛围应该有利于拥抱多样性，培养社会责任感，促进积极的同伴关系。

来源：Kunc, N. (1992). The need to belong. Rediscovering Maslow’s hierarchy of needs. In R. A. Villa, J. S. Thousand, W. Stainback & S. Stainback (Eds.), *Restructuring for caring and effective education: An administrative guide to creating heterogeneous schools* (pp. 25–39). Baltimore, MD: Paul H. Brookes Publishing Co.

融合教育的特征

融合教育环境有一些特征，首先，每个班级的残障学生占比应该是该校残障学生占比的自然反映；其次，普通教育教师和特殊教育教师应该开展协同教学；学校方面，应该积极打造融合氛围，实施通用学习设计（Universal Design for Learning, UDL），开展差异教学，努力让残障学生获得更多教育资源；另外，在学生分组上应该灵活多样，在教学活动上应该吸引学生兴趣，应该使用数字化工具。

残障学生比例

在融合学校，工作人员努力以各种方式打造均衡而多样化的课堂。要做到这一点，有一种方法就是保证每一个教室都不会有过多的特殊需要学生或残障学生，也就是说残障学生比例不能过高。不管是哪个班级，残障学生人数都应该反映该校残障学生的比例（比如，如果该校有 16% 的学生有法律定义上的残障，那么这些学生在每个班级的比例就不应该超过 16%）。在融合班级，残障学生比例不应该超过 50%。一个班级里残障学生人数过多，特殊教育需求就会过于集中，那么这个班级就变成一个特殊教育场所了。

开展协同教学

融合课堂常常要有两位教师——一位普通教育教师和一位特殊教育教师——共同承担所有学生的教学任务。不过，融合班级也不是总有两位教师一直在场。有时候，特殊教育教师负责对教学计划进行改动和调整，普通教育教师负责实施。助理教师可以为普通教育教师提供支持，或者两位教师共同合作，为残障学生提供额外支持，同时也为班上所有学生提供支持和教育服务。

打造融合氛围

在融合班级里，教师不断努力打造融合氛围，保证让学生感到师生关系、生生关系都是密切而融洽的。融合氛围有个宗旨，就是不同的人有不同的学习方式。打造融合氛围的方式多种多样，不变的是，每个融合班级每天早上可能都有晨会，学生可以跟同学分享某个东西或者讲一件对自己很重要的事。您可能也见过学生按一定的规定机制去了解彼此的组织方式。例如，学生可能会做一个名叫“书包里的家庭作业”的游戏，在这个游戏中，每个学生都从书包里拿出一个能代表自己的东西，与自己小组的其他同学分享。通过这样的游戏，每个学生都能拥抱差异、尊重多样性，感觉自己是班集体的一分子。

实施通用学习设计

通用学习设计是一种教学方式，这种方式能使所有学生，尤其是那些在学习方面与大部分学生有差异的学生，以灵活多样的形式参与学习活动并展示他们所学的知识。这种方式之所以被称为通用学习设计，是因为其课程的设计考虑到了不同学生的差异。要理解这种教学方式，可以将它与缘石坡道[①]做个类比。设计并建造缘石坡道虽然主要是为了让使用轮椅的人方便使用人行道，但其他人也能从中受益。例如，您推着婴儿车或购物车，或者穿着高跟鞋的时候，就会发现这种坡道很方便。在课堂上，如果我们能为学生提供灵活的学习方式，就可以满足某些学生的需求，同时也能满足全班学生的需求。

开展差异教学

在融合教室里，共处同一学习空间的学生在学业、社交和行为等各个方面的水平和需求都不一样。差异教学就是融合教育工作者针对这些不同需求采取的策略（Tomlinson, 2017）。因此，教师需要了解如何应用差异教学这类教学策略。

> 从根本上来说，差异教学意味着“改变”课堂上发生的事情，让学生可以选择用不同的方式接收信息、理解观点、表达自己学到了什么。换句话说，在开展差异教学的课堂上，学生可以通过不同的途径获取学习内容、处理或理解观点和概念，以不同的方式呈现自己的学习成果，所有学生都能有效地学习。（Tomlinson, 2017, p. 1）

不同学生的学习目标可能是相似的，不过实现这些目标的方式可能有所不同，切入点也不一样。例如，所有学生可能都在做数学题，不过有些学生是用教具做，有些是自己演算，有些是使用平板电脑上的计算器功能来检查，还有些是用平板电脑或白板来演算。

残障学生不必被隔离

真正的融合教室没有那扇“离开”的门，教师不会让孩子出去单独接受特殊教

---

① 译注：缘石坡道，无障碍设施，位于人行道口或人行横道两端，方便乘轮椅者进入人行道的坡道。

育或相关服务。学生都会在普通教室里接受教育和服务。例如，学生不必和语言老师去单独的小教室，而是和其他同学一起上阅读课，同时努力达到自己在语言方面的目标。助理教师可能需要帮助保证学生在普通课堂上就能实现自己的目标。

学生分组多样化

在融合班级，教师需要在座位安排和学生分组方面花点心思。残障学生在教室里应该自然而然地分散就座。换句话说，教师不应该安排残障学生坐在一起或组成一组。不过，如果同时为一间教室里的几名学生提供支持，那么安排这些学生坐在一起可能看起来比较合理，或者更加方便。但是，至关重要的是，要把残障学生看作独立的个体，保证其周围有普通同学，有学业、社交和行为方面的学习榜样。根据学生的能力分组，对他们来说是一种羞辱，这样做还会严重妨碍学生的社交互动。

吸引学生

融合教室没有太多大班课，也就是老师一直讲，学生被动听的那种模式。在融合课堂学习是很有意思的事情。教师设计教学活动的时候会考虑学生不同的学习风格。在融合教室里，学生会积极主动地学习。他们经常站起来，离开自己的座位，还经常参加小组活动和结对活动。教学内容的计划需要满足学生的需求，允许他们到处走动，和同学一起学习，还要允许他们去体验。

数字化工具与融合

技术可以成为促进残障学生和普通学生有效融合的有力工具。多年前，为残障学生提供支持所需的辅助技术工具往往是笨重的、昂贵的、难以上手的且互相孤立的。但是现在，许多数字化工具都可以让学生很方便地获得课程内容，让他们有机会学习、与同伴互动。他们在学校和家里都可以用自己的设备（如笔记本电脑、平板电脑、智能手机）做到这些。例如，学生可以在自己的设备上观看教

数字化工具 ①

教育视频

- PBS Learning Media: https:// www.mainepublic.org/post/ welcome-learning-space
- 可汗学院：www.khanacademy.org
- Teacher Tube: www.teachertube.com

① 译注：此处及后文所列数字化工具和资源是国外教育领域常用的，读者可依据正文中的描述寻找国内常用的替代工具。

无障碍书籍

- Bookshare: www.bookshare.org[①]

语音转写工具

- 苹果语音识别
- Windows 语音识别
- 谷歌语音打字
- SpeechNotes 语音转写

在线合作工具

- Padlet: www.padlet.com
- Flipgrid: www.flipgrid.com
- Socrative: www.socrative.com

学视频和模拟实验，从而理解复杂的数学或科学概念。学生可以通过 BookShare 网站访问一个庞大的在线图书馆，该图书馆把图书文本进行个性化调整，满足他们的独特需求（如把文字读物改成有声读物，根据个人需要改变阅读难度，放大字体）。学生可以使用语音转写工具，独立、轻松地写下自己的想法，这样您就不必帮他们抄写了。他们还可以通过制作视频或者把视频做成动画的方式分享自己所学，既新颖又有创意。

数字化工具不仅提供了更多的个性化支持和便利，学生还可以利用这些工具增加与同学和老师的互动与合作。例如，学生可以使用共享文档或幻灯片与同学合作；也可以使用 Padlet、Flipgrid 和 Socrative 等平台参与线上课堂讨论；还可以通过语音打字、聊天软件或者视频会议平台实时接收来自同学和老师的反馈。让学生有机会使用 21 世纪的数字化工具，促进学习和融合，这是非常重要的。

反思

花点时间，想想自己学校或者班级有没有融合教育的特征，写下来。融合教育的特征这部分内容中有没有哪些特征是您想要进一步了解的？有没有哪些特征对您负责的学生可能特别宝贵？如果有，您可能会如何让同事注意到这些方面的问题，写下来。如果您不确定该怎样开口，我们在第四章中提供了一些策略帮助您进行沟通和协作。

关于个别化教育计划，我需要了解什么？

接受特殊教育服务的学生必须有个别化教育计划。有个别化教育计划的学生是经过团队评估和观察之后判定确实存在障碍的学生。个别化教育计划是由专业团队撰写的计划，明确该生在某一学年需要重点优先学习的内容，具有法律效力

① 译注：把图书文本进行个性化调整的网站

(Huefner, 2000)。撰写个别化教育计划的团队成员有家长、学生本人（在合适的情况下）、普通教育教师、特殊教育教师、学区代表及其他必需的专业人员（如心理学家、言语语言治疗师、作业治疗师、物理治疗师）。为了撰写计划，团队成员每年都要召集会议，评估并记录学生的需求，确定下一学年在普通教育课堂融合方面应该达到哪些目标，并把这些写进年度计划。根据美国教育部的要求（2004），个别化教育计划必须包括下列信息。

- 学生目前的表现。必须将学生在不同科目领域的表现以一致的形式记录下来存档。
- 可以量化评估的目标及阶段性具体目标。个别化教育计划中必须明确学生下一年度在不同的方面应该达到的目标。
- 特殊教育及其相关服务。包括由特殊教育及相关服务人员提供的服务的种类、级别及数量。
- 需要做出的改动。为了满足学生的需求，需要做出哪些改动和调整。
- 是否参加全国考试。个别化教育计划需要说明学生是否参加全国性的考试，如果参加，需要对考试做出哪些调整。
- 服务地点。个别化教育计划在这一部分需要解释学生接受服务的时长和地点（如治疗室、普通教室）。
- 转衔服务说明。针对年满 16 岁的学生，必须明确如何做好转衔准备。

小测

什么是通用学习设计？随便画！

请解释什么是差异教学。

个别化教育计划包括哪些内容？

根据法律规定，助理教师有权查看自己负责的学生的个别化教育计划。有些学校还有可能要求您参加学生的个别化教育计划会议，因为您能提供的信息可能与学生的教育计划密切相关，非常重要。也有些学校不要求助理教师参加个别化教育计划会议。如果学校要求您参加，您需要提前与共事的老师讨论您以什么身份参加会议。即便不参加会议，您也应该看看您负责的学生的个别化教育计划（见表 2.3）。看个别化教育计划的时候，最好从下面这两个主要部分开始：（1）学生目前的表现；（2）为学生设定的目标和阶段性具体目标。看的时候，做一张个别化教育计划速览表或者把这些目标和其他重要信息总结成一张清单。图 2.3 就是一张个别化教育计划速览表。要知道这份文件中的信息是保密的，除了孩子教育团队的成员，您不能给其他人看。把学生的信息给别人看，不仅是对学生的不尊重，而且有可能违反2004年修订的《残疾人教育促进法》(20 U.S.C. § 1412 [a][8]; § 1417 [c])。

如果学生有问题行为，个别化教育计划中就要包括行为干预计划。行为干预计划包括对学生的行为进行功能评估，还要说明如何以积极的方式应对学生的行为。如果您负责的学生有行为干预计划，那么您就要仔细阅读这个计划，了解、理解其中的内容，并且要按照计划执行。

表 2.3　个别化教育计划要怎么看

1. 找到学生目前表现那一部分仔细阅读。思考下列问题……	• 这名学生哪方面做得比较好，我现在了解清楚了吗？ • 这名学生都掌握了哪些技能，我现在了解清楚了吗？ • 针对这名学生，我知道哪些策略会比较有效吗？ • 我知道跟这名学生打交道的时候要注意避免什么吗？
2. 找到年度目标那一部分，查看每个目标。思考下列问题……	• 到这个学年结束的时候，这名学生应该能做什么，我现在了解清楚了吗？
3. 找到额外的辅助与服务那一部分(帮助学生在普通教育环境接受教育所需的辅助、服务、支持)，仔细阅读。思考下列问题……	• 这名学生在普通教育环境中需要哪些服务和支持，我现在明白了吗？ • 我知道应该由谁提供这些服务或支持吗？ • 如果让我来提供这些服务或支持，我知道应该怎么做吗？
4. 找到特别设计的教学活动那一部分（由特殊教育工作人员提供的直接教学和服务)，仔细阅读。思考下列问题……	• 这名学生需要哪些特别设计的教学指导？ • 需要在哪里提供这些指导？ • 如果我需要为学生提供练习或支持，我明白应该怎么做吗？
5. 如果学生有行为干预计划，找到那一部分，仔细阅读。思考下列问题……	• 有哪些策略和技巧可以用来帮助提高适当行为发生的可能性？ • 如果问题行为开始升级，我该如何引导学生，让他做出适当行为呢？ • 如果学生开始表现出攻击性，我知道应对计划中用来缓和局面的操作步骤吗？
6. 阅读个别化教育计划的其余部分。思考这个问题……	• 关于这名学生的需求以及他需要的支持，我有什么需要和教育团队成员分享的吗？

个别化教育计划速览表

学生姓名：____________________ 年级：____________________ 年龄：____________________

填表日期：____

长期目标：______________________________
具体干预目标：
-
-
-
-
-
-
-
-
-

长期目标：______________________________
具体干预目标：
-
-
-
-
-
-
-
-
-

长期目标：______________________________
具体干预目标：
-
-
-
-
-
-
-
-
-

长期目标：______________________________
具体干预目标：
-
-
-
-
-
-
-
-
-

长期目标：______________________________
具体干预目标：
-
-
-
-
-
-
-
-
-

学生重要信息：
-
-
-
-
-
-
-
-
-
-

图 2.3　个别化教育计划速览表

有关融合教育，最常见的问题

常见问题

问：对于残障学生来说，融合教育真的就是最好的选择吗？

答：一直以来的研究都表明，对于残障学生来说，无论是在教育方面还是社交方面，融合教育的效果都比非融合教育要好。对于教育工作者来说，难点在于搞清楚如何让普通教育环境、课程内容、教学活动适应学生的需求。要解决这个难点，就要一起合作，针对学生的差异设计不同的支持方式，将课程与学生的长处和需求完美地融合。

问：我觉得我的学生没有从这节课当中学到任何东西。我该怎么办呢？

答：如果您认为学生没有从课程中学到任何东西，那么任课老师有责任（在您的支持下）对课程内容做出改动或调整，使学生能从教学中受益。有时候，课程的目标不是那么容易看出来的。在这种情况下，您可以主动找任课老师讨论一下，了解课程的预期目标是什么（比如，学生可能正在努力实现社交方面的目标、精细运动方面的目标，或者只是让学生有机会学习某些课程内容）。

问：个别化教育计划可以修改吗？

答：可以，个别化教育计划可以修改，而且至少每年改一次。这份文件会随着学生的成长和变化而变化。我们不会指望一个学生在整个学生时代都穿同样大小的鞋子，同样，个别化教育计划也会随着学生的成长而变化。这份文件是动态变化的，应该在必要时加以修改。

问：什么时候应该把学生带出教室？

答：所有学生都有在普通教育课堂上接受教育的权利，这是法律上关于教育安置的规定，所以，要不要把学生带出去，不是您可以决定的。如果学生有问题行为，教育团队有责任搞清楚究竟是什么问题并帮助学生在课堂环境中管理自己的行为。让学生自己选择，看看他什么时候可能需要休息一下，找出这个问题的解决方案，以便让他留在课堂上。

问：不把学生带走的话，我该怎么办呢？

答：自己走开。有时候，碰到和学生相处困难的情况，换个人来或者自己走开是最好的解决办法。让学生自己选择（如选择学习材料、选择和谁一起做事）也是帮助学生参与课堂的方式之一。关于如何慢慢撤出支持，第八章中有更多建议。

问：其他学生会取笑残障学生吗？

答：如果您看到或听说这种事儿，必须处理或者报告。取笑别人是一种霸凌行为，不能把这种行为看作融合的必然结果。事实上，想要让学生明白残障只是人类多样性的表现，融合环境是最理想的地方了。

问：什么是干预反应模式（Response to Intervention, RTI）？与融合有关吗？

答：干预反应模式是教育工作者针对有困难的学生提供支持的一个过程。第一层是为普通教育环境中所有学生精心设计的课程教学活动，第二层是比较有针对性的干预或者特别设计的教学活动，第三层是目的更为明确的集中干预。如果我们完全接受融合教育的理念，就会认识到在普通教育环境中可以实施这些干预措施。

问：融合真是法律规定的吗？

答：法律规定的是必须将所有学生安置在最少受限制环境里。首先要考虑的肯定是普通教育环境，如果学校打算将学生转移到限制较多的环境中，则必须证明他们已经尽力在普通教育环境中为学生提供了适合学生的额外辅助和支持。

本章小结

幸运的是，现在的学校越来越接受融合教育理念了。因此，在融合教育环境中工作的助理教师需要理解融合教育的理念以及主要概念，了解其历史发展，分辨什么样的课堂才是真正的融合课堂，还需要学习个别化教育计划的概念，明白这个计划可以为学生在最少受限制环境中提供充分的支持。下一章主要讨论的是特殊教育的基本理念，以及经常使用的术语或措辞，这些对您的工作都有帮助。

待办事项

待办事项

看完这一章后，您需要……

- 完成本章反思部分的要求。
- 看看您负责的学生的个别化教育计划，想想表 2.3 中的问题。
- 给自己负责的所有学生都做一份个别化教育计划速览表，与带班老师一起研究个别化教育计划，以便了解某些学生的需求。
- 关于这一章，您有哪些具体问题，全都写下来，与管理人员或带班老师一起讨论。

第三章　特殊教育

走路、说话、绘画、阅读和写作的方式不止一种。

——托马斯·赫尔

（Thomas Hehir, 2002, p. 17）

我在普通班级上学，有个助理教师给我提供支持。高中的时候，我当了啦啦队队长。我是全州第一个患有唐氏综合征的啦啦队队长。高中毕业后，我就在全球唐氏综合征基金会时装秀上担任时装模特。目前，我在Bridge School①学习如何成为一名公众演说家。我有很多技能，也有很多梦想。我想告诉你的是不要给我设限！不要给我设限，即便你觉得我学不了你的课；不要给我设限，即便你觉得我总是需要别人的帮助；不要给我设限，即便你对我不抱什么期望。请接纳我，请接纳你所有的学生，让我们跟你一起学习。

——梅根·邦加斯（Megan Bomgaars, 2013）

自我倡导者、艺术家、创业者

首先我们想问一个问题，很多人刚刚进入这个领域工作的时候都问过这个问题：什么是特殊教育？本章将要解答的就是这个问题，除此之外还有下列问题：

- 接受特殊教育的都有哪些人？
- “残障”指的是什么？
- 为什么我们应该对贴标签的行为持谨慎态度？
- 那些特殊教育术语都是什么意思？
- 残障都有哪些不同的类别？

本章明确了一些重要的概念和理念，对于在特殊教育和融合教育领域工作的人，

① 译注：Bridge School，为当地肢体障碍和语言障碍人士提供服务的教育项目。

这些概念和理念是非常重要的。了解了这些概念和理念，助理教师就能掌握所需的知识，在所处的教育系统中有效地工作。

什么是特殊教育？

简单来说，特殊教育就是旨在满足残障学生的特殊需求的个性化教育，其目的是让他们有机会接受普通教育。

简单来说，特殊教育就是旨在满足残障学生的特殊需求的个性化教育，其目的是让他们有机会接受普通教育。因此，特殊教育是普通教育的一部分，我们认为它是帮助残障学生与其他接受普通教育的同学一起学习普通教育课程的一个支持体系。这种定制式的支持和教学可能需要为学生提供合理便利，或者对课堂任务做出改动。提供合理便利，指的是对课程进行调整（如改变考试地点、改变学生答题方式），不会从根本上改变原有课程，也不会降低标准。而改动指的是改变课程安排，这种改变确实使课程要求发生了变化，比如改变课程内容、时间安排或考试形式。接受特殊教育的学生可能会得到专门的课程材料（如有声书），接受某些服务（如言语和语言服务），使用某些设备（如辅助沟通系统）或运用不同的学习方法（如以图示的形式记笔记[①]）（IDEA, 2004 [PL 108–446]）。例如，聋人学生可能需要手语翻译的服务，这样才能跟上课堂教学。孤独症学生可能需要专门的课程材料，比如可视化日程表，这样他们才能在日常安排发生变化的时候做好准备。有学习障碍的学生可能需要额外的阅读指导，或者延长时间才能完成书写作业。

特殊教育的法律定义

根据2004年修订的《残疾人教育促进法》，特殊教育指的是“为满足残障学生的需求而特别设计的教育，不需要家长付费”（20 U.S.C. § 1401 [25]）。这个定义体现了制定者认同某些学生因为自身残障状况在学习、行为或身体方面存在困难，很难接受普通教育，因此他们需要个性化的支持，帮助他们学习技能、提高能力，使他们的潜能在学校得以充分开发。这些额外的服务所需的费用由联邦和地方政府承担，不需要家长付费。

---

① 译注：原文中此处使用了“visual notes”一词，即将信息进行提炼整理并以图像与文字结合的方式呈现的笔记形式，有些地方译为视觉笔记，但这种译法并不普遍。为防止出现误解，采用现在的译法。

相关特殊教育服务都有哪些？

有些时候，特殊教育教师、其他教育专业人员，再加上助理教师就能提供残障学生需要的所有支持。不过，学生要从特殊教育服务中获益，有时还需要其他支持。这些额外的支持就是特殊教育法律中提到的相关服务。2004 年修订的《残疾人教育促进法》对“相关服务”是这样定义的：

> 帮助残障儿童从特殊教育中获益所需的交通运输以及发展性、矫正性和其他支持性服务，包括言语治疗和听力辅助服务、口译服务、心理服务、物理治疗和作业治疗、包含娱乐疗法在内的娱乐服务、儿童残障早期诊断和评估、包含康复咨询在内的咨询服务、引导与助行服务[①]、医疗服务……为了帮助残障儿童从特殊教育中获益可能需要的交通运输以及发展性、矫正性和其他支持性服务，包括儿童残障早期诊断和评估。(20 U.S.C. §1401 [602] [26] [A])

定义

上述这些各种各样的服务都是相关服务，能让学生从特殊教育中获得最大收益，且不需要家长付费。

特殊教育是一种服务，而不是某个地点

过去，一说到特殊教育这个词，大家脑子里就会浮现一个单独的地方。人们想到的是一个房间、一所学校或其他单独的地方，残障学生去这些地方接受不一样的教育。但是，过去几十年间，特殊教育已经发生了很大的变化。现在，特殊教育已经不再局限于某个地点了。所有学生——包括孤独症学生、重度障碍或多重障碍学生、情绪或行为障碍学生——在教室环境中一起接受普通教育的时候，学习效果最好（Causton-Theoharis & Theoharis, 2008; Choi, Meisenheimer, McCart & Sailor, 2017)。特殊教育及其相关服务（如帮助学生学习阅读、数学、社交技能或语言技能）是可移动的，可以直接被送教到学生身边。包括美国在内的世界各国都在普通教育课堂

① 译注：为视障和听障学生提供的特殊服务。

上开展特殊教育。第二章中曾经讨论过，残障学生主要在普通教育课堂接受教育，这种教育形式被称为融合教育。

接受特殊教育的都有哪些人？

在 2004 年修订的《残疾人教育促进法》的规定下，美国每年有 700 万名年龄在 3 至 21 岁之间的学生接受特殊教育服务（美国教育部，2019）。换句话说，大约有 14% 的适龄学生因某种残障而需要接受特殊教育。根据 2004 年修订的《残疾人教育促进法》，学生因为某种（些）残障（如生理或心理状况）导致学习表现受到影响，即符合接受特殊教育的条件。本章后半部分将逐一列出这些残障类别并进行详细解释。

残障指的是什么？

给残障分类，是为了“对儿童在发展过程中遇到的问题进行有针对性的处理”（Contract Consultants, IAC, 1997, p. 8, as cited in Kluth, 2003）。搞清楚学生的残障属于哪一种类别，仅仅是了解这个孩子的一个开始。从残障类别根本看不出学生有哪些天赋、才能或长处。学生有很多方面的情况，残障只是其中之一。残障并不能说明学生是一个什么样的人，只能体现学生的一个方面。

反思

为了解释这一点，请花点时间，用 5 个词形容一下你自己。您写了哪些词呢？您可能会用一些词描述自己与别人的关系、自己的职业或性格特点等，从而说明自己是个什么样的人。

我们的描述可能包括“妈妈、女儿、妻子、老师、快乐或有条理的人”等字眼。有意思的是，我们的描述里没有缺陷，尽管我们的缺陷还不少（比如，很难开始做自己不喜欢的任务、没有视觉支持的情况下跟不上听觉指令、听课的时候坐不住）。对于残障人士来说也是一样。残障状况只是他的一个方面（可能还是微不足道的一面）。

残障的社会建构

残障类别是人为规定的，而这些类别是不断变化的，认识到这一点也非常重要。这些类别是由医学专业人员、教师、科研人员，以及政府共同规定的。但是，这些类别不是一成不变的。它们会发生变化，而且已经发生了变化。我举一个极端的例子，我们可以从中看出残障这个概念是如何建构的。曾经有一段时间，智商低于 80 才符合法律规定的智力障碍（Intellectual Disability, ID）的判断标准。可是到了 1973 年，美国联邦政府将这个标准降到了 70。这么一来，成百上千的人就这么"康复了"，而实质上，这只是联邦政府大笔一挥的结果而已（Ashby, 2008; Blatt, 1987）。这些类别标准一旦被确立，还会不断得以强化。换句话说，学生一旦被贴上了某种标签，教育工作者就会常常戴着残障或有缺陷的有色眼镜看待他，而不是看到这个学生的全部。朱莉在一节高中一年级的英语课上观察的时候，就亲眼见证了这种心态。完成合作任务之后，所有学生都在忙着学习或聊天。教室里很热闹。突然，老师喊了一声："杰米，以后不许这样了！"老师走到黑板前面，把杰米的名字写了上去。其实所有的学生都在讲话，但偏偏老师就只看见了杰米，觉得他说得太欢了，因为杰米被诊断有情绪障碍（Emotional Disturbance, ED）。但是，以朱莉的视角看，杰米的行为和其他很多同学并没有什么分别。

助理教师始终都要注意，残障类别是人为规定的，谁符合残障条件、谁不符合都是人为决定的。

反思

您与这样的人打过交道吗？尽管他被诊断有某种残障，但是您真的感觉不到。您见过这样的学生吗？虽然他不符合接受特殊教育的标准，但是您觉得他确实有特殊教育的需求。残障的标签并不是什么把人套进条条框框的一定之规。这些标签只是提示有些人有什么类型的困难，而且这种标签是别人出于自己的理念而人为规定的。

贴标签需谨慎

残障的标签并不是什么把人套进条条框框的一定之规。这些标签只是提示有些人有什么类型的困难，而且这种标签是别人出于自己的理念而人为规定的。

一方面，很多教育领域工作者都认为贴标签将有助于家长和专业人员达成共识。这种共识可以让学生有机会获得他们需要的某些支持和服务。在某种程度上，标签是获得某些服务——包括来自助理教师的服务——的第一步，不可或缺。

另一方面，贴标签或给人分类确实也会带来一些问题。柯柳尔和比克伦（Kliewer & Biklen, 1996）曾经表示，给学生贴标签可能“产生贬低的后果，常常导致污名化，让学生在社交上被孤立，在教育上被隔离”（p. 83）。使用这些标签并且过度依赖这些标签引发了很多问题。这些标签会使教师以某种方式，而且仅以这种方式看待某些学生，这就是成见。贴标签容易放大人与人之间的差异。例如，学生被贴上标签以后，教师和助理教师就会盯着学生与同龄人的差异。这些标签还会伤害学生的自尊，因为他们会因为这些标签而区别看待自己。另外，标签还会给人一种“一辈子”的印象，尽管有些时候，学生只是在学校的时候才符合“残障”的定义。不幸的是，这些标签却给了专业人员一种安全感。标签让专业人员相信“残障类别是一成不变的、有意义的，而且很好理解，但是实际上，这些类别既不是一成不变的，也没有意义，这些定义也没有被人好好理解”（Kluth, 2003, p. 7）。

事实上，艾奥瓦州的教育工作者和管理人员认为，标签可能会极大地妨碍学生取得进步，因此艾奥瓦州教育部在审核学生是否符合接受特殊教育的条件时是不明确标注残障类别的（艾奥瓦州教育部，2019）。

这就意味着艾奥瓦州的学校不靠残障标签判断学生是否符合接受特殊教育的条件，也不参考学生个别化教育计划中的残障标签。艾奥瓦州的残障学生被称为“符合条件的人”（Eligible Individuals, EI）。艾奥瓦州特殊教育资格和评估标准（2019）中提到，“这是因为标签本身不能为家长和教育工作者提供有关教学需求的信息。这也是因为人们可能会根据标签做出不恰当的安排，将学生安置在限制性环境中”（p. 49）。

这些残障标签是有问题的，把人与人之间的差异分类，或者抱着“一个标签定终身”的态度看待这些差异也是有问题的——有时候甚至是有危险的，这一点我们都很清楚。因此，在这一章里，虽然我们为了让您理解特教领域中常见的残障标签而沿用了这些说法，但是，我们希望您在提及自己的学生时能想想怎样避免使用这些标签。

反思

- 您提到学生的时候能做到只说名字，不说残障标签吗？
- 不用残障标签强调学生的需求，而是更具体地说明这些需求到底是什么，您能做到吗？例如，金姆在写作和沟通方面需要支持。
- 以新的方式看待和谈及学生是什么感觉？

他们说的是什么？您需要了解的教育术语

有时候我们会用“字母大杂烩”这个词形容在特殊教育领域使用专业术语的首字母简称的感觉。掌握特殊教育的专业术语可能需要很长时间。下面按首字母顺序列出的很多教育术语，经常以首字母简称的形式出现。

- ADD/ADHD: 全称 Attention Deficit Disorder and/or Attention-Deficit/Hyperactivity Disorder，注意缺陷障碍和 / 或注意–缺陷 / 多动障碍
- BIP: 全称 Behavior Intervention Plan，行为干预计划
- CBI: 全称 Community-Based Instruction，社区本位教学
- DS: 全称 Down Syndrome，唐氏综合征
- EBD: 全称 Emotional Behavioral Disturbance，情绪行为障碍
- ED: 全称 Emotional Disturbance，情绪障碍
- ESY: 全称 Extended School Year，延长学年服务[1]
- FAPE: 全称 Free Appropriate Public Education，免费、合适的公立教育
- FBA: 全称 Functional Behavioral Assessment，功能性行为评估
- HI: 全称 Hearing Impaired，听力障碍
- ID: 全称 Intellectual Disability，智力障碍
- IDEA: 全称 Individuals with Disabilities Education Act，《残疾人教育法》

小测

联邦法律规定的残障类别一共有 13 种，不要提前看，拿一张纸写一下，能写多少写多少。把自己写的和后文列出来的对比一下。

① 译注：超出平均学年时长的教育服务。

- IEP: 全称 Individualized Education Program，个别化教育计划
- LRE: 全称 Least Restrictive Environment，最少受限制环境
- OI: 全称 Orthopedic Impairment，肢体障碍
- OT: 全称 Occupational Therapist，作业治疗师
- PBS: 全称 Positive Behavior Support，积极行为支持
- PT: 全称 Physical Therapist，物理治疗师
- SL: 全称 Speech and Language，言语和语言
- SLD: 全称 Specific Learning Disability，特定学习障碍
- SLP: 全称 Speech-Language Pathologist，言语语言病理学家
- TBI: 全称 Traumatic Brain Injury，创伤性脑损伤
- VI: 全称 Visual Impairment，视力障碍

联邦认证的残障类别

您了解的残障类别共有多少？目前，联邦认证的残障类别共有 13 种。只要是接受特殊教育服务的学生，都有被正式认定的残障类别，而且它们都被包括在 2004 年修订的《残疾人教育促进法》规定的 13 个残障类别之内。

这 13 种残障类别包括：

1. 孤独症
2. 盲聋症
3. 失聪
4. 情绪障碍
5. 听力障碍
6. 智力障碍
7. 多重障碍
8. 肢体障碍
9. 其他健康损害
10. 特定学习障碍
11. 言语和语言障碍
12. 创伤性脑损伤
13. 视力障碍，包括失明

下面将介绍 2004 年修订的《残疾人教育促进法》对上述残障的定义。不过，想要了解这些残障类别，最有用的办法就是认真听听残障人士的想法，因为这些标签是贴在他们身上的，倾听他们的心声，就能更加深入地了解这些残障类别。为了鼓励这种开放的心态，我们介绍完每种残障类型的定义之后，还会介绍一些很多人都觉得有用的支持方式，另外还会附上这些残障人士的心里话。这些心里话并不一定代表整个群体的心声，有某种残障的某一个人也不能代表这个群体的所有人。之所

以在这里引用这些话，是想提醒大家注意：法律上的定义和这些个体自己使用并且想让大家了解的定义是有区别的。法律上的定义主要关注的是残障人士无法做什么或者有什么困难，但是残障人士更注重自身的天赋和能力。

孤独症谱系障碍

法律定义

《残疾人教育促进法》对孤独症的定义是：严重影响语言与非语言沟通以及社交互动，并对学习表现产生负面影响的一种发育障碍。一般来说，孤独症儿童在3岁之前就会表现出症状。孤独症常见特征包括：常有重复刻板行为，日常生活规律或生活环境发生变化时会表现得非常抗拒，对感官刺激表现出不同寻常的反应（34 C.F.R. § 300.8 [c][1][i]）。

有用的支持

对孤独症人士的支持方式相当多。不过，很多孤独症人士都比较喜欢文字和视觉支持，不太喜欢只有听觉指令。清晰而具体的指示可能会有所帮助。对于没有口语的学生来说，靠打字来表达想法就非常有用。

圈内人的心里话

我坚信，孤独症不该让生活有什么不同。实际上，我们每个人都有各自的长处、短处，也有各自的难处。不要把我们看成需求一模一样的一群人，我们是不同的个体，在某些领域有自己的需求。

——苏·罗宾（Rubin, 2010）

了解了孤独症的标诊断准后，我很兴奋，这种感觉就好像看到自己无法表达的东西，被人用语言描述出来。我以前一直以为大家的经历和感受都是差不多的，只不过别人比我隐藏得更好，自从知道自己有孤独症以后，我比以前更爱自己了。

——谢恩（Spectrum, 2020）

盲聋症

法律定义

法律对盲聋症的定义是：听力障碍和视力障碍并存（同时存在），共同导致患者在沟通以及其他发展和教育方面需要特殊的支持。一般来说，专门为聋童或盲童提供的特殊教育项目无法满足盲聋学生的需要（34 C.F.R.§ 300.8 [c][2]）。

有用的支持

很多学生学着使用盲文，这是一种用手感觉的符号语言。盲聋学生常常也用视力障碍学生使用的辅助技术设备。这些设备包括但不限于盲文翻译软件、盲文打印机、语音转文本和文本转语音的软件，还有能将电脑屏幕上的文本转换为语音的屏幕阅读器，或者能将计算机上的文本转换为盲文的盲文显示器。对盲聋学生比较有用的是综合沟通法，即综合运用口语、辅助技术、触觉信息和手语。

圈内人的心里话

> 作为一个盲聋人，我不得不竭尽全力，才能做到看似微不足道的事情，如用餐厅菜单点菜或参加攀岩运动。我遇到的障碍，绝大部分都源于误解，有些人不太知道要为残障人士提供合理便利。我们盲聋人比普通人更需要辅助技术。这些工具非常必要，能够帮助我们与人交流、提高自理能力。我自己就是什么事都依赖技术，不管是与店员沟通、完成作业，还是与朋友聊天等。
>
> ——哈本·吉尔马（Girma, 2014）
>
> 这个世界上最美好的事情是看不见、摸不着的，是必须用心去感受的。
>
> ——海伦·凯勒（Keller, 1903）

失聪

法律定义

法律对失聪的定义是：影响儿童学习表现的严重听力损害，不管是否使用声音放大设备，失聪人士都难以处理语言信息（34 C.F.R. § 300.8 [c][3]）。

有用的支持

一般来说，因为失聪接受特殊教育服务的学生都会使用手语。如果这些学生能有手语翻译的帮助，或者具备口头阅读或读唇语的能力，他们就可以学习普通教育课程。视频字幕和音频转写也是很重要的支持方式。

圈内人的心里话

> 听不见又怎么了？我就听不见。我感觉挺好。我过得也挺好的。我会开

车。我有家庭。我还生了个孩子。我能让大家开怀大笑。我还能到处旅行。到底怎么了？就好像我必须要能听见似的。有什么关系。这就是有没有见识的问题、用不用心的问题，重要的是你有没有能力做你想做的事、得到你想要的东西……见识是走向成功最有力的工具——不是听力，也不是说话的能力。

——C·J·琼斯（Hott et al., 2007）

真的，每个周末，我都会骑着我那辆超棒的公路竞赛自行车和自行车俱乐部的男人一起疾驰（有时在平地上速度能达到每小时 60 多公里）。俱乐部有 500 人，我是唯一的聋人。

——梅维斯（Mavis, 2003, p. 3)

情绪障碍

法律定义

长时间呈现下列一种或多种特征并显著影响学生学习表现的状态。

1. 无法学习，排除智力、感官或健康因素；
2. 无法与老师和同学建立或维系满意的人际关系；
3. 在正常情况下表现出不恰当的行为或情绪；
4. 经常性的难过沮丧或情绪低落；
5. 因为个人问题或学校问题常常表现出躯体症状或恐惧情绪。（34 C.F.R. § 300.8 [c][4][i]）

有用的支持

患有情绪障碍的学生经常会经历退缩、焦虑、抑郁等情绪问题，常常感觉自己没有价值，会表现出攻击性、多动或冲动。因此，当与患有情绪障碍的学生打交道时，保持冷静和给予关爱是很重要的。请努力成为学生生命中值得信赖的成年人。把自己的期望和要求表达清楚，对学生许下的承诺，一定要兑现。患有情绪障碍的学生一般都有行为干预计划，计划呈现了教育团队使用哪些策略为学生提供支持。

圈内人的心里话

我们把你推开，其实是因为我们真的需要你，我们希望你能问我们："你今天过得怎么样？"还希望你真的想知道我们过得怎么样，因为我们能看出来你是不是真的在乎我们过得怎么样。如果我们一直把你推开，而你真的转身走开了，那么对你来说也就这样了，也就是说，你再也不能走进我们的内心了，我们也不会再有什么关系了。

——凯尔西·卡罗尔（Carroll, 2014）

听力障碍

法律定义

听力障碍指的是不符合失聪定义的、影响儿童学习表现的听力困难，不管是永久性的还是暂时性的（34 C.F.R. § 300.8 [c][5]）。全美接受特殊教育服务的学生中，听力障碍学生占比 1.1%（美国教育部、国家教育统计中心，2019）。

有用的支持

对于患有听力障碍的学生，您可能需要使用扩音系统。使用时，说话人一般要把麦克风挂在脖子上，让声音直接传入学生的助听器。总体来讲，说话清楚就是有用的支持。要保证在说话前把学生的注意力吸引过来，如果学生能够读唇语，就要面向学生说话，而且不要遮挡嘴巴，还要保证课堂上使用的所有视频都有字幕，共享给学生的所有音频也要配有文本，这些都很重要。

圈内人的心里话

我比较愿意这样解释听力障碍，别人说的话，你不一定完全听不到，而是能听到类似于说话的声音，但是不大能搞清楚这些声音到底是什么。这就有点像你们听力正常的人只是听到别人好像说了什么，但没听清，然后请人重复一遍一样。只是对我来说，这种感觉出现得更频繁。这就是为什么我要用其他办法去搞清楚周围的状况。我读唇语，不过这也不是万全的办法。很多单词发音从唇语看都是一样的，所以单凭唇语很难与人谈话。我常常要猜别人说的是什么。我会努力捕捉一句话的绝大部分内容，然后想办法自己填补信息空白。很多时候这种办法都能管用，可是有些时候不管用。时不时地，我会把一整句话都听差了，这时候我的大脑就会随便找些和那些音节发音差不多的单词去填补空白，但是这些单词放在一起根本就没有意义。听力受损对我来说就是很正常的事。总有人问我听力受损是什么感觉，但我真的找不到理想的回答。(就像我问你)“听力没受损是什么感觉？”听见和听不见，这两种感觉有什么区别，我没有比较过，所以真的没法说。当然了，听力正常的人能听到更多东西，也能理解更多声音，但是那能代表什么呢？真的很难解释。这就是感知的问题。

——R·威廉斯（2008, para. 13）

智力障碍

法律定义

智力障碍指的是"在发育阶段表现出来的、影响儿童学习表现的障碍，患者总体智力功能明显低于平均水平，同时存在适应性行为障碍"（34 C.F.R. § 300.8 [c] [6]）。2004 年修订的《残疾人教育促进法》中使用的是"智力发育迟缓"（Mental Retardation）这个术语，不过在 2010 年的《罗莎法案》（Rosa's Law, PL 111–256）中，这一术语被改成了"智力障碍"。还有一个比较常见的说法，叫"认知障碍"（cognitive disability）。

有用的支持

有智力障碍的学生的能力水平各不相同。有些学生有语言，会写字，有些学生没有语言，也不会写字。不过，学生没有写字说话的能力，并不代表他没有思想，也不代表他没有与他人沟通的愿望。人都希望与他人建立联系，如果能获得沟通工具，这些没有语言和写作能力的学生也能与其他学生互动，并且学习教学内容。希望患有智力障碍的学生在哪种情境中使用某种技能，就在哪种情境中教授这种技能，这是最有用的办法。例如，希望学生能与其他学生互动，那就教他们社交技能，而不是让他们待在一个单独的地方。很多智力障碍人士也喜欢清晰而具体的指令和例子。例如，在科学课上，让学生目睹空气进入气球时会发生什么，比只看文字说明更有用。

圈内人的心里话

我希望你能了解的是：我最大的问题不是神经功能失调。很多人认为我的问题源于教养不当，这也是误解。我妈妈其实很努力教我什么是恰当的社交行为，但是并不总是管用。有时候我就是想不起来那些社交规则。

——无名氏（胎儿酒精综合征[①]社区资源中心，2008）

---

① 译注：胎儿酒精综合征是一种先天性缺陷群，包括智力障碍、生长不良及头骨和面部畸形等，往往发生在孕期大量饮酒的妇女的后代身上。

多重障碍

法律定义

法律上对多重障碍的定义是多种障碍并存（如智力障碍与视力障碍并存、智力障碍与肢体障碍并存），共同导致患者在教育方面需要的支持非常特殊，单为其中某一种障碍提供的特殊教育环境无法满足这些需求。多重障碍不包括盲聋症（§300.8[c][7]）。

有用的支持

因为这种残障类别覆盖的范围非常广，所以要讨论什么样的支持是普遍有用的，也许不大可能。不过，重要的是明确其中每一种残障状况及学生的个性化需求，以此为切入点设计支持方式并付诸实施。

圈内人的心里话

萨布里纳是一名小学生，患有多重障碍，目前还没有稳定的沟通方式，不过已经成功地进入了普通班级融合。她的老师南希提到她的时候是这样说的："随着萨布里纳的进步，我们对她的期望和要求也在改变。对她的要求不断在提高，她也能达到这些要求。"（MacLeod, Causton & Nunes, 2017）

肢体障碍

法律定义

严重肢体障碍指的是影响学生学习表现的身体障碍，包括先天性缺陷（如内翻足、部分肢体缺失）、疾病（如脊髓灰质炎、骨结核），以及其他原因（如脑瘫、截肢、骨折或导致挛缩的烧伤）导致的障碍（34 C.F.R. § 300.8 [c][8]）。

有用的支持

有肢体障碍的人可能使用移动设备或工具，要把这些设备或工具看作是他们身体的一部分，这一点很重要。换句话说，要心怀尊重，不要随便摸这些设备或工具。问问他们想要什么样的支持，以及希望我们以怎样的方式为他们提供支持。

圈内人的心里话

有一名高中生，患有脑瘫，平时坐轮椅，她是这样描述自己和自己的高中生活的：

我觉得你看见我的时候首先就会注意到我是个相当有正能量的人。我喜欢听音乐、骑马，还喜欢画画。我上小学的时候……有几个好朋友，我喜欢跟大家玩一样的游戏，但是老师们总是担心我身体太弱了，会把自己弄伤。

——安杰拉·加贝尔（Gabel, 2006, p. 35）

其他健康损害

法律定义

其他健康损害指的是因体力、精力不足或者对环境刺激的反应不够敏感，导致个体在教育环境中的反应也不够敏感，这种状况：

- 源于慢性或急性健康问题，如哮喘、注意缺陷障碍或注意缺陷多动障碍、糖尿病、癫痫、心脏病、血友病、铅中毒、白血病、肾炎、风湿热和镰状型细胞贫血；
- 会影响儿童的学习表现。（34 C.F.R. § 300.8 [c][9]）

这种损害包括注意缺陷多动障碍。被认定患有注意缺陷多动障碍的学生很难保持专注，难以判断什么时候应该放慢速度，也很难有条理地安排自己的时间以便完成任务（美国精神医学学会，2000）。很显然，并不是只要有上述障碍的其中一种就肯定能获得特殊教育服务，但是如果这种状况得到医疗专业人员的确诊，并且影响学生的学习表现（如果学生需要额外的支持），那么他就可能符合标准。

有用的支持

要为这些残障学生提供什么类型的支持，取决于学生的个体情况。例如，患有糖尿病的学生可能需要护士为他们注射胰岛素。患有注意缺陷多动障碍的学生经常提到，如果能允许他们站着或动来动去，那就是有用的支持了。很难保持精力充沛的学生可能需要更多的休息机会。除此之外，使用喂养泵的学生可能需要一个专门的人（也许就是作为助理教师的您）负责打开和关闭喂养泵。

圈内人的心里话

乔纳森·穆尼（Jonathan Mooney）是一位作家、演讲家，在成长过程中曾经被诊断患有注意缺陷多动障碍等各种各样的障碍，他曾经说过：

> 我能肯定的就是我是有出路的。我知道我不再觉得自己笨了。我不再觉得我有缺陷了。如果你想要做真正的自己、完整的自己、复杂多面的自己，过自己想过的生活，那就必须抵制所谓“正常”。
>
> ——乔纳森·穆尼（Mooney, 2019）

> 每次我努力解释我就是想不起来把手机放在哪里了，解释为什么我总是记不住服从命令听指挥，解释我的感受是什么样的，都没有人相信我，刚开始的时候，我非常抓狂。有时候，我真想哭，因为没有人理解我。可是后来我意识到，我应该感到自豪，因为我正在学习如何面对困难，而大多数人直到长大以后才会学到这些。患有注意缺陷多动障碍让我与众不同，我应该为这种与众不同自豪，而不是羞耻。患有注意缺陷多动障碍只是让我变得更坚强了，诚然，这个状况有时可能会带来困难，但最终，对于自己的与众不同，我可以更加自信地去面对。
>
> ——玛丽（LDOnline, 2020）

特定学习障碍

法律定义

特定学习障碍指的是在理解或使用口语或书面语所涉及的某个或多个基本心理过程中存在障碍。特定学习障碍可能表现为在听讲、思考、说话、阅读、写字、拼读或算数方面能力不足。这种障碍包括知觉障碍、脑损伤、轻度脑功能障碍、阅读障碍和发展性失语症，但不包括主要由下列因素导致的学习困难：视力障碍，听力障碍，运动障碍，智力障碍，情绪障碍，以及环境、文化或经济方面的不利因素（34 C.F.R. § 300.8 [c][10]）。

有用的支持

这种残障是最常见的。因此，您极有可能与有特定学习障碍的学生打过交道。针对患有特定学习障碍的学生，重要的是要提供合理便利、做出适当改动、提供辅助技术，还要利用和重视学生的长处。例如，如果您负责的学生在阅读方面有困难，但特别善于通过听觉学习，那就一定要保证让学生有机会使用有声读物。

圈内人的心里话

书写障碍是一种学习障碍，会导致书写方面的很多困难。我很难掌握写作技巧，如语法、标点、拼写等。我也很难整理思路、组织书面作业，很难把想法写在纸上。尽管我得到了很多合理便利，但是有些老师却不用这些。虽然我有书写障碍，但我仍然热爱学习。我特别喜欢历史和地理。我想让每个人都知道，我有学习障碍并不意味着我笨，也不意味着我没有学习能力，而是意味着我是独一无二的。

——无名氏（LDOnline, 2020）

我认为关键是要明白，我们有学习者和学生两个身份，对于这个双重身份，我们要有自己的定义。学习者，指的是付出努力去求知、去参与、去积极进取的人。但不是所有的知识都是学校教的。被贴上残障标签的是学生这个身份。而“学习障碍”这个标签不应该湮灭一个人获取知识的愿望。作为学习者的你一定要阻止这种事情的发生。

——凯特琳·诺拉·卡拉汉（Callahan, 1997)

言语和语言障碍

法律定义

言语和语言障碍指的是口吃、构音障碍、语言障碍或发声障碍等影响儿童学习表现的沟通障碍（34 C.F.R. § 300.8 [c][11]）。

这是第二常见的残障类别。全美接受特殊教育服务的学生中大概有 20% 的学生属于这种情况（美国教育部、国家教育统计中心，2019）。

> “不能说话和没有话说是不一样的。”
>
> ——R·克罗斯利（R. Crossley）

有用的支持

这样的学生的残障程度各不相同。有些接受言语和语言治疗的学生在构音方面有困难，或者说话不流利（如口吃）；还有些学生可能完全没有语言。如果学生只有言语和语言障碍，可能不会由助理教师提供支持。不过，很多学生都有言语和语言障碍合并其他障碍，这就需要助理教师的支持了。基于言语和语言问题的性质，您可能需要执行由言语语言病理学家设计的沟通程序或计划。

圈内人的心里话

不能说话和没有话说是不一样的。

——罗斯玛丽·克罗斯利（Rosemary Crossley）

智慧总能以不同的方式展现出来，我们就是最好的例子。

——特蕾西·思雷舍（Wurzburg, 2011)

创伤性脑损伤

法律定义

创伤性脑损伤指的是因外力引起、导致全部或部分功能障碍或社会心理障碍，影响儿童学习表现的后天脑损伤。这种残障也包括导致一个或多个大脑区域受损的开放性或闭合性头部损伤，这些区域与下列功能有关：认知、语言、记忆、注意、推理能力、抽象思维、判断能力、解决问题的能力、感觉、运动能力、社会心理行为、身体功能、信息加工能力、语言能力。这种障碍不包括先天性、退行性脑损伤或者因出生创伤引起的脑损伤（34 C.F.R. § 300.8 [c][12]）。

有用的支持

这种残障与其他残障不同，因为这是后天形成的（如遭遇车祸或头部遭到撞击）。对于后天发生的残障，如何调整自己，从感情上接受这种状况，不仅是学生要面对的问题，也是家长 / 监护人、老师要面对的问题。出现的障碍类型往往取决于脑损伤的位置。对于有创伤性脑损伤的学生，教育工作者要了解他们，了解他们的长处，尽可能地发挥他们的优势。另外，创伤性脑损伤有时也会影响学生的行为。因此，要记得面对学生的时候一定要保持冷静并给予关爱。

圈内人的心里话

我花了好几年的时间消化……过去的事儿。虽然身体残障和脑损伤给我带来了不便，甚至拖累了我，但是比起朋友还有整个社会体系对我的态度，尤其是那些“好心人”的所作所为，这些障碍还算不错的了。

——比利·高尔夫斯（Golfus, n. d.)

我出意外造成脑损伤之后，昏迷了三个月，又花了好几年康复，这一切对我来说都是模模糊糊的。后来，又过了两年，我慢慢地苏醒过来，对周围的环境有了意识，对自己有了意识，对自己的残障状况也有了意识，其中一个状况就是我再也不能唱歌了，因为我现在有严重的语言障碍。

——凯利·帕克（Parker, 2008）

视力障碍，包括全盲

法律定义

视力障碍指的是即使经过矫正也会影响儿童学习表现的视力损害。这种障碍包括仅剩部分视力和全盲的情况（34 C.F.R. § 300.8 [c][13]）。

有用的支持

视力障碍的类型或严重程度不同，针对此类残障人士提供的服务也有所不同。有些视力障碍学生使用放大镜和大字文本；没有视力的学生接受移动训练（或学习如何在自己所处环境中行走），学习如何阅读盲文。

圈内人的心里话

如果可以，我会改变我的视力吗？不会，视力障碍就是我的一部分，我棒极了！当然了，因为这个障碍，我少了一些视力，但我学了更多的技术。我为我自己骄傲，也为我所取得的成绩骄傲。

——萨姆（personal communication, March 18, 2020）

萨姆的父母每年都会给他的老师写一封信，就如何为他提供支持给出一些建议，图 3.1 就是其中一封。并不是所有的学生都需要这些，不过这些可能是有用的支持方式。

总结

某个人可能有一种或多种残障，但是，要了解这个人，最重要的是要明白，他首先是个人，其次才是他有残障。首先要了解学生，了解他们的长处、他们的天赋，了解什么能让他们开心。其次要考虑与残障有关的知识，还要保证，不管您要提供的是什么样的支持，在设计过程中，学生和团队始终都能参与进来、提供帮助。

小测

了解了 13 种残障类别之后，您能记住几种？

对萨姆有用的支持方式

- **距离是关键。**在教室里，萨姆需要坐得近一些才能看到学习材料。他看书或写字的时候，会把头和书本贴得特别近。这个姿势对他来说是正常的，不会不舒服。如果能把要看的东西（如书、作业单、纸、教具）拿得近一点，他就能看得更清楚。他需要近一点，不管是东西还是人。请允许他选择自己觉得舒服的姿势，什么姿势都行。他需要近距离观察人们的面部表情。
- **视觉疲劳。**这是一个大问题。他要花很多额外的力气看东西，确实很容易累。完成复杂视觉任务的时候（比如看字体较小的文本、看图像模糊或不容易识别的材料、搜索单词），他可能更容易疲劳。必要时让他休息一下。在学校待了一天，回家还有一大堆作业，确实让人筋疲力尽。
- **阅读和写作。**我们一直在摸索到底应该怎么帮助萨姆提高阅读和写作能力。放大字体，提高图片清晰度，这肯定是必要的，这样萨姆才能像其他同学那样有机会学习。给他布置的自主阅读任务，绝大部分都要在平板电脑上完成。他还需要放大字体，有时还需要使用控制中心[①]。我们知道他很难看清小于 36 号的字体，绝大部分阅读和写作任务，他都得在平板电脑上做，有时还得使用手持放大镜。使用放大镜很累，而且需要额外的时间。对他来说，打字比手写更方便，阅读印刷材料比阅读手写材料更容易。
- **最佳学习方式。**对萨姆来说，可以主动亲身实践的时候学习效果最好。和一大群人坐在一起会给他造成视觉疲劳。如果事情有规律、程序无变化，他能做得很好。如果把概念、主题、材料和指令给他解释清楚，他也能做得很好。他能很快领会口头指令。
- **集体指令。**大班教学的时候，请允许萨姆提前看看课本或视觉材料。有个叫 Join Me 的视觉辅助小程序对他非常有用。在黑板上写字的时候，请一边写一边念出来。他看东西比较费劲，请多给他点时间。想要点他名字的时候请喊他的名字，点头示意或打手势的话，他可能注意不到。离得比较远的情况下，他可能很难识别您的表情，也很难看到黑板上的内容。如果您给出的口头指令是描述性的，那就需要配上手势或视觉提示。重要的是，他的控制中心需要与教室空间和日常生活充分整合。
- **看东西需要花时间。**萨姆看东西的时候需要的时间比较长。有时，他需要花更长的时间才能专注于正在看的东西。原因很简单，他的眼球运动问题让他的眼神无法集中太长时间。
- **同伴 / 小组活动。**应该让萨姆参加小组教学活动和同伴合作活动。与他人合作时，他需要单独使用一份材料。患有眼球震颤的人几乎是不可能与他人一起共用材料的，因为他需要这些材料摆在固定的位置，这样才能看到。
- **使用电脑。**萨姆用电脑用得很好。使用放大的光标会对他有帮助。电脑是很容易调整的，放大字号，并且坐得离屏幕近点，他就可以完成大部分的电脑操作。目前，他的大部分阅读和写作任务都是用平板电脑完成的。

图 3.1　对萨姆有用的支持方式（来自萨姆父母的信，转下页）

① 译注：控制中心指的是集成各种辅助技术的操作台或操作板。

- **观看电影、参加集会。**萨姆在家看电视的时候坐得很近，眼科医生告诉我们，这对患有眼球震颤的孩子来说很常见，所以应该允许他尽量坐得近一些。如果他和同学分开坐的话，应该让他自己选一个小伙伴 / 朋友陪他。参加集会的时候，他也得坐在前面，这样才能看到发生了什么事情。我们会征求他的意见，怎样才能不让他觉得这是件丢脸的事，如果坐在前面就不能和班级同学在一起的话，应该让他带个朋友和他一起坐。
- **体育活动。**应该让萨姆参加所有的活动。如果需要进行球类运动或活动中有快速移动的物体，则需要直接教学和明确指导，而且还要格外小心。不管他碰到任何困难，请告诉我们。足球运动经过适当改动以后，萨姆也能参加。他还喜欢滑雪、跑步、游泳和骑自行车。他经常骑自行车去上学。
- **音乐活动。**音乐也需要声音大点。除了这一点，萨姆真的很喜欢音乐，很擅长通过听觉学习。他很擅长吹奏长号，去年参加了戏剧和男子合唱团，今年又参加了唱诗班，他都很喜欢。
- **艺术活动。**萨姆很有创造力，对周围的世界也很有洞察力。如果他能得到指导和鼓励去做细致的艺术工作，这种创造力和洞察力也可以体现在艺术活动中。
- **跟同学解释。**这几年来，萨姆发现让老师给他的同学解释他所使用的视觉辅助设备、需要的便利和工具，这种办法比较有用。他想告诉同学这些的时候，会示意老师，他准备好了，这个时候开始谈话不会让他觉得不自在。琼斯夫人可以帮他和同学开始谈话。重要的是，应该允许同学摸摸他的视觉辅助设备（如平板电脑、控制中心、放大镜），以免让他觉得自己用这些是很丢脸的事情。
- **萨姆最清楚。**最重要的是要知道，萨姆看不见东西的时候，会很自然地告诉别人他需要什么，不会觉得不自在。我们已经让他知道，看不见东西没有什么不妥，大大方方说出来。请允许他靠近一点看，或者使用视觉辅助设备看材料，这样就能帮他大大方方地对待这件事。如果您对某件事不太拿得准，那就问萨姆。他很明白自己喜欢什么、有什么想法。
- **最重要的是……**请记住，不管从哪个方面来说，萨姆都是一个 12 岁的普通孩子。请不要太过苛刻，请对他的视觉需求给予特别关注。社交和友谊也需要视力，请在这些方面帮助他。

如果您有任何有关他、有关他的视力的问题需要与我们沟通，欢迎与我们联系。我们期待着参与他的课堂学习。如果您有建议或需要帮助，请联系我们，不要犹豫。谢谢您！

朱莉和乔治

图 3.1　对萨姆有用的支持方式（来自萨姆父母的信，接上页）

不同类型的残障学生的数量分布情况

不同类型的残障学生分别都有多少呢？图 3.2 的柱状图显示了 6 至 21 岁接受特殊教育服务的各类残障学生所占百分比。如图所示，占比较高（或最常见）的残障类型是特定学习障碍、言语和语言障碍、孤独症、智力障碍，以及其他健康损害，其他类型的残障占比较低（或不太常见）。

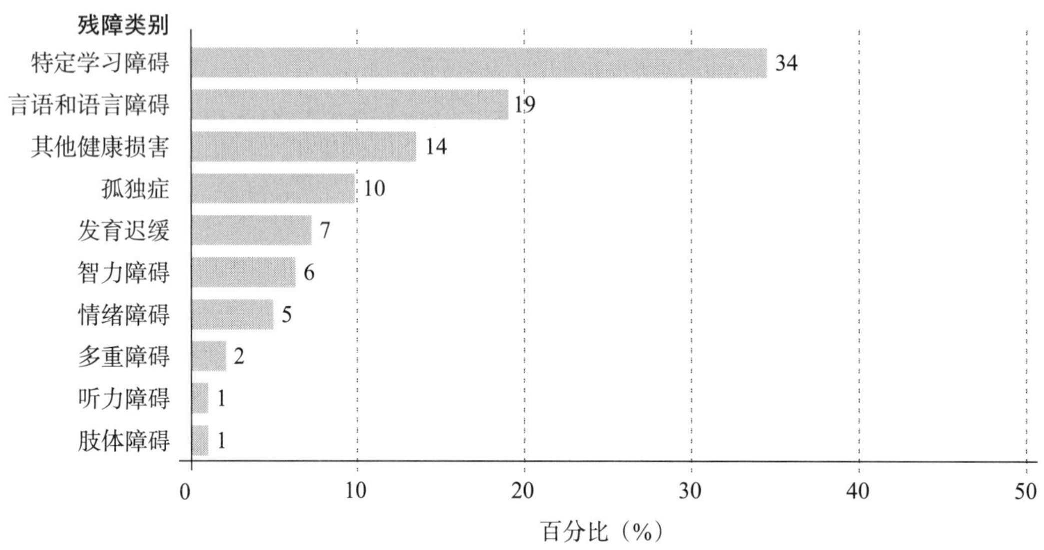

图 3.2　接受特殊教育服务的各类残障学生所占百分比

注：视力障碍、创伤性脑损伤，以及盲聋症在图中没有显示，因为在根据《残疾人教育法》接受服务的学生中，这些残障学生所占的比例不到 0.5%。

来源：U.S. Department of Education, Office of Special Education Programs, Individuals with Disabilities Education Act [IDEA] database and National Center for Education Statistics, National Elementary and Secondary Enrollment Projection Model, 1972 through 2029.

反思

想想自己负责支持的学生。您知道他们属于特殊教育服务类别中的哪一种类型吗？您了解这种残障类型的孩子在生活中有何表现吗？您了解这个学生有什么特别的天赋和才能吗？

常见问题

有关特殊教育，最常见的问题

问：我该怎样了解我负责支持的学生呢？

答：先看看学生的个别化教育计划，请一起工作的老师给您一份个别化教育计划。这份文件及其内容是保密的，不能给别人看，但作为助理教师，您可以看。了解学生，还可以从了解他的好恶、兴趣，以及难处入手。

围绕下面这些问题和学生聊聊，可能会有帮助：

- 你希望我了解你哪些方面？
- 你喜欢学校的哪些地方？
- 你不喜欢学校的哪些地方？
- 不在学校的时候你都喜欢做什么？
- 给我讲讲你的朋友好吗？
- 你希望得到什么样的支持？
- 你希望我能为你做些什么？
- 你不希望我做什么？

您还可以跟上课的老师谈谈，就学生需要什么样的支持听听他们的想法。可以问问下面这些问题：

- 最能调动这名学生积极性的是什么？
- 这名学生喜欢什么？
- 能跟我介绍一下这名学生的朋友吗？
- 我们应该怎么为这名学生的社交需求提供支持？
- 这名学生在学业方面有什么需求？
- 我们最好以什么方式为这名学生的学业需求提供支持？
- 这名学生有问题行为吗？
- 我们最好以什么方式为学生提供行为支持？
- 这名学生在感官方面有哪些需求是我需要注意的？
- 这名学生在沟通方面有哪些需求是我可能需要知道的？
- 我们需要为这名学生做出哪些改动？
- 这名学生使用辅助技术吗？
- 关于这名学生，我还需要了解什么？

问：我觉得我接受的培训不够，不足以做好这份工作。我该怎样才能得到培训呢？

答：简单回答就是您应该主动询问。先去找学校负责特殊教育工作的校长或领导，可以写邮件、打电话或写信给学校管理层，沟通要点如下：

- 明确您需要的培训类型。例如，可以这样说："就目前这个情况，我需要了解应该怎么和有孤独症的学生打交道。"
- 问问领导是否知道有什么培训可以参加，或者问问学校是否可以聘请专业人员加入教学团队。

本章小结

了解残障，对于了解特殊教育这个教育体系非常重要。不过，要真正了解某一位学生，了解残障状况对他有何影响，唯一的方法就是去了解这个具体的人。您负责支持的学生都很了不起，但也非常复杂，研读美国联邦法中对 13 种残障的定义，只是开始了解他们的第一步。介绍了融合教育和特殊教育的基本概念之后，现在我们可以开始这项快乐的工作了——帮助您了解如何与团队合作，一起为学生提供有效的支持。

了解残障，对于了解特殊教育这个教育体系非常重要。

待办事项

待办事项

看完这一章后……

- 完成本章反思部分的要求。
- 您在前面做了一个小测，内容是美国联邦认证的 13 种残障类别，回头看看您的回答。现在，花点时间复习一下我们介绍的为每类残障学生提供支持的方式。您注意到这些方式有什么共同宗旨吗？
- 在常见问题部分，为了帮助您了解自己的学生，明白如何为他们提供最好的支持，我们提出了一些问题，回头看看这些问题。已经知道答案的，把答案写下来。然后，如果还有什么问题要问，写个问题清单。
- 关于这一章，您有哪些具体问题，全都写下来。之后，想想您可以找谁或者需要什么资料来回答这些问题。

第四章　与人合作

团队协作

我们谁都没做过什么伟大的事情，包括我在内。但是我们都可以怀着伟大的爱去做一些小事，大家一起努力，就可以成就美好的事情。

——特雷莎（修女）

教育团队包括助理教师和教师，这些人一起工作，帮助学生有意义地学习，提升学生的归属感，能让班级里所有学生都获益。在融合教室里，提供支持的成年人一起合作，可以成就相当美好的事情。现如今的融合课堂上，普通教育教师与特殊教育教师和助理教师一起工作是很常见的现象。本章主要介绍一些信息和工具，能让助理教师更高效地与人合作。不过，在某些情况下，教师和助理教师也会各干各的，这种情况造成了很多普遍性的问题：助理教师在教室里的角色定位有时候不是很清楚，这种时候他们就会觉得自己被看轻了，只能靠自己去摸索才能搞清楚对学生的要求和期望，以及课堂规则等。

本章将帮助您认清自己在教育团队中的角色定位，厘清每位团队成员的作用和职责。接下来我们将会介绍与整个团队沟通的常见方法，以及协同支持的基本架构，还会就如何解决冲突提供一些建议。之后我们将会讨论保密要求，这是出于职业道德的考虑，助理教师必须遵守。最后我们将会回答有关合作的常见问题。

我问那些教书的人，把你爱教的东西教给想学的人，这是你的理想吗？如果是的话，这样做的基本步骤就是先假定每个人都有能力、有意愿去学习，然后建立他们学习所需要的支持体系，不断沟通、合作，这样才能体会到作为一名真正的教师才有的成就感和自如感。

——杰米（雪城大学校友，孤独症人士）

如何对待团队成员

记住，和您一起工作的团队成员都是您的同事。与您负责支持的学生一样，他们也是形形色色且独一无二的人。请一定以尊重的态度对待每一位团队成员，要明白他们的观点也是独一无二的。每个人所受的教育及其水平都各不相同。每个人都有自己独特的技能，所以要想想自己能从每个同事身上学到什么。

作用和职责

所在学校、学区不同，甚至所在州不同，学校工作人员的作用和职责都有所不同。不过，即便有所不同，有些作用和职责还是共通的，在各个学校都是如此。学校工作人员如何高效开展团队合作，从而满足所有学生的教育需求，接下来的章节将会针对这个问题给出指导性原则。

教育团队

在校期间，我和几十个人一起工作，互相合作。我与四年级的教学团队，包括普通教育教师、特殊教育教师，还有项目助理密切合作。我还和言语语言治疗师、心理老师、作业治疗师、物理治疗师一起工作，当然，也和音乐、艺术、体育等专门领域的各位老师密切合作。一天下来，我与不同的成年人互动几百次。有时这是我工作中最难的部分。

——泰德（助理教师）

助理教师

助理教师负责执行很多不同的任务，不过，为学生学习和教师教学提供辅助，是您工作的重点。助理教师的基本职能包括：

- 为认知障碍或多重障碍学生提供支持，负责帮助他们移动、使用适应性设备，管饲，更换尿不湿，使用卫生间和进行行动训练；
- 保留记录，包括数据收集（如根据癫痫发作情况绘制图表）；
- 在教师的指导下，在课堂上或社区本位教学场所帮助学生巩固所学内容；

- 在教师的指导下，以一对一或小组的形式帮助学生开展学业和娱乐活动；
- 根据行为管理计划监督和管理学生行为；
- 在教师的指导下帮助学生提高社交技能；
- 缓和冲突；
- 按照工作安排完成其他相关职责。

以下是马萨诸塞州的某个学区对于助理教师岗位职责的介绍，不过您的岗位职责也可能有所不同，可以找校长、特殊教育主任或工会代表要一份正式的岗位职责说明。

助理教师是波士顿公立学校里非常了不起的教学资源，他们与能力水平各不相同的学生直接打交道，为教学提供支持。助理教师将协助教师制订有创意、高质量的教学计划，旨在满足波士顿公立学校就学儿童的需求。助理教师将与波士顿公立学校的工作人员一起打造一个良好的教育环境，在这个环境中，高质量和连续性是学生教育的关键因素。

具体职责包括：

- 以一对一、小组的形式或者在课堂上对儿童进行直接指导；
- 为组织课堂活动提供帮助；
- 准备教学材料；
- 协助布置和清扫教室；
- 按规定使用某些方法管理学生及其课堂行为；
- 在校外实习活动期间监督学生；
- 根据校长的要求完成其他相关职责。（波士顿公立学校，2020）

我们还综合考察了全国各地学区的情况，制作了一个助理教师岗位职责说明样例，如图 4.1 所示。

反思

将波士顿公立学校助理教师岗位职责说明以及图 4.1 中的样例与您当前的岗位职责进行比较，有什么区别吗？关于自己的岗位职责，您有哪些具体问题呢？您还想在岗位职责说明中加点什么呢？

助理教师岗位职责说明样例

向谁汇报工作：校长和 / 或指定负责的领导（如特殊教育督导）

接受谁的指导：校长、特殊教育督导、特殊教育教师、普通教育教师

岗位概述

助理教师与教师、管理人员以及其他团队成员密切合作，帮助所有学生提高学习效果，打造融合环境，执行与教学过程相关的各种任务，以便满足项目需求。助理教师在普通教育教师和特殊教育教师以及校长的监督下工作。

常见岗位职责

- 在督导老师的指导下，按照课程计划协助教学，以一对一或小组指导的形式帮助学生巩固所学知识。
- 为学生提供支持，帮助他们学习督导老师负责讲授的学业、社交以及行为等方面的材料或技能，巩固学习成果。
- 协助收集数据（行为、学业以及医疗数据），包括跟踪监测学生实现个别化教育计划目标的进展情况。
- 为需求各异的学生提供帮助，包括有个别化教育计划的学生、根据 504 计划接受服务的学生以及多语种学生[a]等。
- 在督导老师的指导下对课程和 / 或教学活动做出改动，包括查找、制作、复制、整理、分发材料，对材料进行分组，以便为教学活动提供支持。
- 如有需要，协助某些学生运送材料或用品。
- 协助某些在个人事务、医疗护理或身体方面有需求的学生。
- 按照学区、学校和班级的行为支持规定，针对为学生提供的行为支持进行监测、维护和强化。
- 针对督导教师和其他有资格认证的工作人员（如行为专家、融合教育专业人员）为某些学生制订的行为支持计划进行监测、维护和强化。
- 在教室、走廊、餐厅、操场、体育馆等地或者在校外实习活动期间监督学生。
- 为某些学生提供课堂内外的支持，使他们能够充分参与活动。
- 根据指导，结合具体情况，与言语语言病理学家、社工、作业治疗师、物理治疗师等专业人员合作。
- 协助完成非教学任务，如课间餐时间、如厕时间、换班时间的活动，协助学生按照督导老师要求完成穿脱衣服等日常事务。
- 在学校环境和社区活动中遵守职业道德，对学生信息保密。
- 参加学区组织的员工发展培训活动。

图 4.1　助理教师岗位职责说明

① 译注：多语种学生，指的是母语非英语的学生。

特殊教育教师

根据定义，特殊教育教师是已经获得教育学学士学位的人。学生的个别化教育计划，一部分是由特殊教育教师负责制订的。教育团队和家长每年都会议定学生的目标，以及适合学生的特殊教育服务。特殊教育教师帮助保证学生的个别化教育计划目标得以实现。特殊教育教师与普通教育教师，以及其他提供支持的工作人员一起合作，负责个性化课程和差异教学，还负责根据每个学生的具体情况做出改动和调整，或者提出改动和调整建议。特殊教育教师还负责解决课堂上出现的问题，评估学生得到的服务，向团队通报学生的进步情况。

普通教育教师

普通教育教师也是已经获得教育学学士学位的人。普通教育教师要备课、教课，考查学生掌握情况。普通教育教师不仅要对每一位有个别化教育计划的学生负责，还要对班上所有没有残障的普通学生负责。一般来说，普遍的看法是普通教育教师对于学生在哪一年级或哪个科目应该学习哪些内容这方面比较专业。

学生家长

毫无疑问，残障学生的家长是他们生命中最为重要的人。根据 2004 年修订的《残疾人教育促进法》，家长 / 监护人也是学生个别化教育计划团队的成员，与其他成员同等重要。家长 / 监护人应该积极参与孩子的教育工作，因为他们是最了解孩子的人。学校里发生任何事情，教师和助理教师都应该告诉家长，并且认真倾听他们的愿望和担心，这样就可以帮助家长发挥积极作用。请记住学生家长也是形形色色且独一无二的人。用关注长处的态度看待每一个家庭，这一点很重要。虽然学生家庭可能与您自己的原生家庭有所不同，但是，在与学生家长直接沟通或谈及他们时，应该始终秉持着专业、积极、关爱的态度，这一点至关重要。

请认可家长的经验、见识，还有为了孩子融合所付出的不懈努力。请帮助家长学习如何有理、有据、有节地争取权益、维护权益。请帮助家长理解学校和老师付出的努力，让他们能够明白学校也有自己的局限。出现问题，不要只是说“不”“不行”，而是拿出解决办法！这需要一个过程，也需要长久的相处。

——金（接受融合教育的残障学生家长）

作业治疗师

作业治疗属于相关服务，由认证合格的执业作业治疗师负责。作业治疗师提供的服务可以覆盖全生命周期，其重点是在日常活动中为服务对象提供支持，以便让他们参与自己想要做和需要做的事。对于需要作业治疗师辅助的学生来说，残障的状况通常需要运动功能方面的支持。作业治疗师可能会评估学生的需求，提供治疗，改装教室设施，总体来说就是帮助学生尽可能地参与学校活动、体验校园生活。作业治疗师可以单独带一个学生，也可以带一组学生。作业治疗师也会咨询教师和助理教师，以便帮助学生在普通教育环境中达到自己的目标。具体的治疗措施包括帮助学生学习写字或使用电脑完成任务，提高社交游戏技能，学习穿衣服或用餐具吃饭等生活技能。作业治疗师和物理治疗师的职责可能不太容易区分。总体来说，作业治疗师主要针对精细运动技能，物理治疗师主要针对粗大运动技能。

作业治疗师助理

有些作业治疗师有助理，助理负责执行治疗计划，在教室和学校里辅助学生，为实现个别化教育计划目标随时记录数据，帮助学生自理。作业治疗师助理在认证作业治疗师的指导下工作。

物理治疗师

物理治疗和作业治疗一样，也属于相关服务，由认证合格的执业物理治疗师负责。物理治疗涉及的领域包括大肌肉运动发展技能、肢体问题、行走问题、适应性设备、姿势固定问题，还包括其他可能影响学生学习表现的功能性技能。和作业治疗师的工作方式相似，物理治疗师也可以单独带一个学生或带一组学生，也会咨询教师和助理教师。物理治疗的具体例子有练习安全上下楼、练习支撑身体、练习在轮椅上做伸展运动、练习站起来，或者练习粗大运动技能。

言语语言病理学家

言语语言病理学家，有时也称言语病理学家，其职责是帮助学生学习沟通以及所有进行有效沟通时所需的技能。这些技能涉及所有与语言、发声、构音、吞咽以及流畅表达有关的问题。有些接受言语语言病理学家服务的学生有口吃问题，还有些学生需要学习理解和表达。在学校里，言语语言病理学家与教学团队合作，为课堂活动和有效沟通提供支持。

学校心理教师

学校心理教师的主要作用是帮助儿童和青少年克服在学业、社交和情绪方面的困难。学校心理教师拥有专业硕士学位或博士学位，并且必须在他们工作所在州获得资格证书。学校心理教师与教学团队、学生家庭及其他心理健康专业人员密切合作，帮助学生提高学业成绩，促进积极行为和心理健康发展，打造健康安全的学习环境，加强家校联系。心理教师会对学生进行评估，还经常参与标准化测验工作，以便判断学生是否达到残障标准。心理教师还会与教育团队的其他成员直接合作，帮助解决问题，有时候，也可能直接为学生提供支持服务。

学校社工

和心理教师一样，学校的社工也是受过培训的心理健康专业人员，其主要作用也是帮助儿童和青少年克服在学业、社交和情绪方面的困难。学校社工会帮助促进家庭、学校、社区之间的联系。社工提供的服务旨在帮助学生及其家庭克服可能妨碍学生学习的困难。社工可以提供一对一的服务，也可以开展小组咨询，还会咨询教师，帮助和鼓励学生学习社交技能。他们还会与社区机构合作，为需要不同机构支持或服务的学生协调服务内容。

小测

您目前的工作可能需要与哪些专业人士合作，列出来。

视障辅助教师 / 听障辅助教师

视障辅助教师为视障学生提供辅助。一般来说，视障辅助教师要与教师一起工作，对课程安排做出改动和调整。他们还会帮助提供放大镜和电脑设备等必要设备。

一般来说，听障辅助教师为听障学生提供辅助，比如为聋生提供扩大沟通（augmentative communication）系统和手语翻译。

活动

活动：服务团队网络图

为每一位您负责支持的学生绘制一份服务团队网络图。图中间是这位学生，周围是相关服务者及其联系信息。这将有助于您与为该生提供服务的所有团队成员保持联系。

这些人在一起是怎么合作的呢？

聚到一起只是一个开始，团结一心才会进步，通力协作才能成功。

——爱德华·埃弗里特·黑尔（Edward Everett Hale）

学校和学校各不相同，但有一点是肯定的：为了帮助学生成长，教育团队的所有成员都必须努力合作。这个七年级的教育团队就是一个有效合作的例子。

这个团队为一位名叫亚当的学生提供支持，亚当有孤独症和视力障碍，团队包括了所有为他提供辅助的员工。在英语课上为亚当提供支持的主要成员包括英语教师、视障辅助教师、特殊教育教师和助理教师。团队成员每个月都要开一次会，讨论在英语课上如何为亚当提供支持。视障辅助教师和英语教师每周都要和助理教师一起准备放大版的学习材料或者把数字版材料上传到他的平板电脑上。除此之外，特殊教育教师和英语教师还会站在亚当的角度一起备课，这样的话每节课的设计都会满足他的需求。例如，他们设计了一节课，用的书是“哈利·波特”系列，这是亚当非常喜欢的书。除了让助理教师放大教学材料中的文本之外，教师还决定让全班听有声读物，而不是默读。助理教师每天都会收到一份书面计划，计划中会说明亚当在每项活动中需要什么类型的支持、支持力度需要多大。

团队成员需要讨论的问题

想要实现真正的合作，了解自己的合作伙伴是什么样的人是非常必要的。了解一下同事的工作风格和教育理念，会帮助您搞清楚如何有效地合作。本节提出了一些问题，当您和其他教师坐下来合作的时候，这些问题会对您有所帮助。您可以把这些问题当作简单的建议，也可以和团队成员一起把所有问题从头到尾仔细研究一遍。

工作风格

了解与您一起工作的教育工作者喜欢什么样的工作方式，可以帮助您搞清楚他们喜欢什么样的沟通方式、喜欢什么时候沟通。了解了这些，就可以让您和他们更有效地沟通和协作，并为他们提供恰当的反馈。

- 与团队成员合作的时候，您觉得自己有哪些长处，哪些弱点？
- 您什么时候工作状态比较好，上午还是下午？
- 您是直截了当的人吗？
- 您喜欢同时做几件事情，还是喜欢一次只做一件事情？
- 如果需要给团队其他成员提供反馈，您喜欢什么样的方式？

教育理念

了解与您一起工作的教育工作者都有哪些教育理念，可以帮助您更好地理解他们在课程规划、团队合作和辅助学生时所做的选择。理解了这些，就可以让您更有效地为同事和学生提供支持。

- 在我看来，“提前计划”指的是……
- 能让所有学生都取得最佳学习效果的情况包括……
- 我觉得应对问题行为最好的办法是……
- 我觉得重要的是，通过什么（活动、举动）提高学生的独立性……
- 我觉得团队成员的关系应该……

后勤组织工作

了解后勤组织工作，明确您与其他教育工作者合作的要求和期望，可以帮助您更专注、更有效地协作。如果您和其他团队成员都不知道应该如何解答这些问题，那么可以和能够提供指导的管理人员讨论这些问题，这一点是很重要的。

- 我们应该如何就学生以前的情况和取得的进步进行沟通？
- 我们应该如何就我们的作用和职责进行沟通？
- 我们应该如何就课程及其改动进行沟通，应该什么时候沟通？
- 如果我在课上不知道怎么解答某个问题，我应该让学生去找你吗？

- 我们见面讨论的次数够多吗？如果不够，应该多久约见一次？
- 我们应该如何与学生家人沟通？沟通过程中，大家都负责什么？
- 关于后勤组织工作，还有其他问题吗？

需要学生家长回答的问题

了解学生家长对沟通的要求和期待以及他们对孩子的期望和担忧，是为学生提供有效支持的关键。作为助理教师，您可以把这些问题提交给教育团队，这样教师们就可以把这些问题直接转告给学生家长。虽然您也许不是总能参加个别化教育计划会议，但也要了解学生家长是如何回答这些问题的，这一点至关重要。

- 您喜欢以何种方式与团队成员沟通孩子的进步？
- 如果我们使用沟通簿或邮件，您希望学校多长时间跟您沟通一次？
- 有没有哪方面的事情，是您特别想听到的？
- 您对孩子的未来有哪些愿景或期待？
- 孩子有哪些长处，在哪些方面做得很棒？
- 还有哪些信息会对团队有帮助，需要团队了解？

需要学生回答的问题

了解您的学生，了解他们喜欢什么样的支持方式，这是助理教师工作中最重要的一个方面。与学生讨论这些问题，可以帮助您为他们提供更有效、更适合的支持，同时让学生明白您尊重他们的自主权，重视他们的想法。

- 你最大的长处是什么？
- 你怎么学习，效果最好呢？
- 你在学校最喜欢的活动是什么？你在校外最喜欢的活动是什么？
- 你碰到困难的时候我们应该怎么为你提供支持呢？
- 在你和朋友、同学相处方面，我们应该怎么为你提供支持呢？
- 你希望每隔多长时间检验你有没有进步？
- 你希望如何与老师沟通你的进步（如开会、发邮件、发短信）？

以上述问题为大纲，与团队成员进行一对一的讨论，针对组织问题和理念问题进行协商，团队成员就会更加了解各自在课堂上的作用以及应该做的事情，工作时也会更加安心。此外，与学生合作之前，您可能需要直接向其他成员询问该生的相关信息，以便更好地为他提供支持。

后文将会介绍有关协同教学和协同支持的一些安排，读者会对教育团队成员在课堂内外应该如何合作了解得更加清楚。

活动：10 个问题

活动

下面有 10 个问题，都是您在接触学生之前就应该向特殊教育教师或普通教育教师了解的。召开一次会议，与您负责支持的学生相关的所有问题都在会上被提出并得到解答。

与学生打交道之前应该提出的 10 个问题：

1. 我能看一下这个学生的个别化教育计划吗？
2. 关于这个学生，我还需要了解哪些信息？
3. 您能帮我了解他在学业方面的长处吗？
4. 您能帮我了解他的行为需求吗？
5. 有移动方面的问题需要我了解的吗？
6. 有沟通方面的需求需要我考虑的吗？
7. 学生有哪些方面的长处、天赋和才能？
8. 这名学生不上学的时候有什么喜欢做的事情？
9. 这名学生有什么特殊的需求需要我为其提供支持？
10. 有没有什么重要的背景信息是我应该知道的？

助理教师如何提供协同支持

一般来说，助理教师不负责介绍或讲授新内容，因此我们会介绍弗兰德和博萨克（Friend & Bursuck, 2019）提出的协同教学模式。此外，我们还提出了一些协同支持模式，助理教师在自己的工作环境中可以据此展开工作。

一位负责教学，另一位负责观察

教师上课的时候，您可以观察学生表现，收集相关数据。您还可以收集行为方面的数据。

一位负责教学，另一位负责支持

教师上大班课的时候，您可以为全班学生提供支持。您可以回答学生的问题，或者让学生重新集中注意力，还可以在黑板上写出或画出示例。如果您负责支持的学生需求比较特殊（如学生患有癫痫，需要近距离支持），您就需要待在该学生身边。不过，绝大部分时候，您应该为全班学生提供支持，即便您是被派去为某一名学生提供支持的。

为教学站提供辅助

助理教师完全可以负责小组教学或教学站的工作。不过，重要的是先接受培训指导，了解如何展开教学站的工作（最好是围绕课程计划、文档或任务卡展开工作）。助理教师至少应该了解该教学站都有哪些目标、如何为学生提供指导、应该怎样为学生做出改动或调整。

协同支持

还有一种常见的支持方式，叫作协同支持。教师组织大班活动的时候，您可以问学生问题，观察他们懂还是没懂，或者给出示例。表 4.1 的内容由穆拉夫斯基和迪克尔（Murawski & Dieker，2004）所编制，他们建议在不同的情况下可以采取不同的协同支持形式。

表 4.1　如何为学生参与课堂提供支持

老师正在做的事	您可以做的事
• 记录出勤情况	• 收作业、检查作业
• 班级巡回指导	• 收集学生在行为或课堂参与度方面的数据，或者对下节课做出改动
• 考试	• 给需要听别人读考试题的学生读试卷
• 为教学站或者学习小组提供辅助	• 为教学站或学习小组提供辅助
• 帮助学生集中注意力默读	• 低声给一个小组的学生朗读
• 讲解新概念	• 提供视觉支持或教具模型，帮助本组学生理解教学内容
• 带领小组复习或者预习	• 学生自习的时候监督整个班级

来源：Murawski and Dieker（2004）.

一位负责教学，另一位提供多感官支持

这种新型的协同支持形式首次出现在《30 天打造协同教学课堂》（*30 Days to the Co-Taught Classroom*, Kluth & Causton, 2016）一书中，这种形式充分利用了除任课

教师之外的教育团队成员，让学生从不同的切入点出发参与课堂活动。表 4.2 给出的是“一位教师负责教学，另一位提供多感官支持”的协同支持示例。

表 4.2　如何为学生提供多感官协同支持

一个人……	另一个人……
读课文	夸张地演出来 演个玩偶剧 在白板上把动作画出来
把口语信息呈现出来	使用道具或图片，以视觉形式突出所学内容 演出来 使用玩偶或其他教具把教学内容与生活实际联系起来 在白板上画出来
组织讨论	用 sketch noting[①] 把观点写出来或者画出来 拿着麦克风在学生中间走动，这样学生就可以像接受采访一样分享他们的想法
解释某项活动的要求	把每一步都清楚地写下来 把具体指令告诉他的同伴或小组领队 提供视觉提示 使用玩偶或教具把指令表演出来

活动：协同支持

活动

专门询问与您合作的老师，了解他们希望您如何为学生提供协同支持。如果需要的话，将本章提出的建议与他们讨论。

如何解决冲突，如何进行沟通

> 在我的工作中，和孩子打交道并不是最难的部分。我觉得最难的是和其他成年人打交道。有时候我拿不准自己的角色到底是什么。在有些课上，我觉得自己是班级的一部分。可是，在另一些课上，负责上课的教师好像不太知道我应该做什么。
>
> ——帕姆（助理教师）

① 译注：sketch noting，一种程序软件，类似思维导图。

团队运行的理想状态就像是一台磨合得很好的机器，每个齿轮都在持续平稳地运转，都在为整个机器的良好状态和谐地发挥着各自的作用。然而，团队运行并不总是这么顺利的。人与人之间总会有冲突的。

定义

邦纳基金会（Bonner Foundation）曾经提出解决冲突的 8 个步骤。冲突指的是“人们在精神或身体上的对立状态，在这种状态下，彼此的价值观或需求相反，或者他们认为彼此的价值观或需求相反”（邦纳基金会，2008）。下面列出的是邦纳基金会有关解决冲突的建议：

1. 搞清楚冲突双方的立场（“他们在说什么？”）。您的观点是什么？对方的观点是什么？都写下来。

2. 进一步了解双方背后真正的需求和愿望。对于对方的需求和愿望，您有什么看法，写下来。您自己有什么需求和愿望，写下来。

3. 请对方进一步解释，以便获得更多信息。问对方：“你为什么会有这种感觉？”“你觉得在这种情况下你需要什么？”把这个难题变成一个需要思考和研讨的问题。

4. 一起讨论解决方案。不要评价这些想法是对还是错，记下来就好，记得越多越好。

5. 讨论每个解决方案将会给双方带来什么样的影响，看看有没有可能各让一步。讨论每一个可能的解决方案。先站在自己的角度，再站在对方的角度，讨论哪些方案可能有用，哪些可能没用。如果有必要的话，再想出一些办法。

6. 就解决方案达成一致。确定哪个解决方案对你们双方来说是最佳方案。制订一份执行解决方案的计划，确定需要花多长时间来实施这个解决方案。

7. 实施解决方案。在规定时间内实施您自己的想法。

8. 如果有必要的话，重新评估解决方案。双方回过头来一起讨论这个解决方案，看看其中哪些部分是有效的，哪些部分是无效的。如有必要，继续重复这个流程。

活动

活动：解决冲突

想想自己曾经遇到的某个小冲突，既可以是生活中的，也可以是工作上的。复习一下上文提到的解决冲突的 8 个步骤。现在，按照这些步骤实践一下，把自己采取的每一步行动都写下来。

如果您在学校做这项活动，至少找一个人与您一起练习。不过，如果您找不到同伴，自己一个人做这项活动也可以帮您练习解决冲突的步骤。

抽出时间进行沟通

我们和全国各地数千名助理教师都打过交道，他们提到的最普遍的问题，就是没有足够的时间与一起工作的其他老师交流或合作。针对这个问题，不同的教育团队有不同的策略。下面我们会详细介绍每一种策略。仔细研读下列方法，看看能否让团队沟通更有规律、更有效率。

能够帮助团队成员抽出时间安排会议的方法：

- **自习时间**。设定一个 15 分钟的周会时间，让学生在此期间观看教学视频或自习，团队成员可以利用这个时间开会。
- **招募家长志愿者**。让家长志愿者给学生讲故事或带着学生做游戏、复习所学内容，团队成员趁此机会开个 15 分钟的碰头会。
- **借助其他教育团队**。每周把两个班级合并一次，一次半小时，让学生学习课程内容的某个部分或进行团建活动。一个教育团队负责管理学生，另一个教育团队开会，然后两个团队互换，这样两个团队都有机会开会。
- **约在专门课程时间（如音乐课、体育课时间）开会**。问问专门课程老师，他们的课堂上能不能空出 15 分钟的时间，不需要助理教师在场提供支持。利用这个时间开会。
- **利用课前或课后时间**。把课前或课后 15 分钟作为教育团队“雷打不动”的开会时间。

利用数字化工具安排会议

如果您用了上述办法，还是没法发起面对面的会议，那么还可以用另外一些办法，代替面对面会议：

- **文档共享**。团队成员共享一个文档，所有成员每天都要看看这个文档。这样的话，团队的共享信息是保密的，而且每个成员都能从中得到自己需要的信息。
- **沟通簿**。准备一个笔记本，团队所有成员每天都看，看完回复。可以把自己的问题写在笔记本上，也可以看别人的回复。沟通簿还可以用来讨论日程安排或与学生有关的具体信息。

- **电子邮件**。还可以用电子邮件代替沟通簿。团队成员可以通过电子邮件互相联系，讨论问题、发表意见或就日程安排进行沟通。
- **核查校对**。写好准备让学生带回家的记录之后，要让团队成员逐条核查校对。通过这种方法，既能校对这些记录，又能让所有人都收到需要了解的信息。
- **课程计划共享**。在线保存课程计划，共享给所有成员。通过笔记就接下来的教学内容进行沟通。请撰写计划的人在单独栏里明确界定每位成员在每节课上的作用。我们认识的一个团队就是通过文档共享功能实施一周协作课程计划的，图 4.2 就是一个示例。我们还提供了一个可复制的版本，您可以下载或复印（见图 4.3）。

尽管我们想出了这么多可能有用的沟通策略，但我们也知道，首先得让与您合作的普通教育教师和特殊教育教师知道您想与他们见个面，迈出这一步可能很难。我们建议您主动提出和这些教师见个面，就上述沟通形式展开讨论，这样您就可以制订计划，为教师和学生提供更好的支持。

要针对学生的需求对每天的课程做出适当调整，需要什么材料？谁来准备这些材料？	本周的教学过程是怎样的？ • 小组教学？ • 使用电脑？ • 讲座形式？ • 自主学习？ 学生要坐在哪里才能保证充分融合？	在哪些活动中 / 在哪些天里格洛丽亚可以来为大卫和帕特提供支持？	在本周的课堂和活动中，帕特应该怎样提供协同支持？
• 本周的工作我（大卫）差不多已经准备好了。 • 如果帕特能针对任务卡做出改动，并且准备好这些任务卡，给学生参加棉花糖活动备用，那就太好了。	• 星期三，独立工作（9 月 5 日）。 • 星期五，小组合作（9 月 7 日）。 • 周五的时候，我们会制作弹射器来发射棉花糖，会把学生分成小组。 • 我把帕特负责支持的两名学生分在了不同的组，两个人都有很给力的同伴。	• 格洛丽亚，我估计你可能想周五来，因为那天有一半的课程都不是结构化时间。在非结构化的时间里，学生们将制作自己的棉花糖发射器。不过，不要觉得非来不可——我觉得帕特和我磨合得还不错！	• 在 9 月 5 日的微课上，帕特要把教学指令和复杂的概念以视觉形式呈现出来。 • 周五，学生完成大作业的时候，帕特要在班级巡回为小组学生提供支持。

图 4.2　合作团队一周教学计划

注：帕特，助理教师；格洛丽亚，特殊教育教师；大卫，普通教育科学课教师。

合作团队每周教学计划

要针对学生的需求对每天的课程做出适当调整，需要什么材料？谁来准备这些材料？	本周的教学过程是怎样的？ • 小组教学？ • 使用电脑？ • 讲座形式？ • 自主学习？ 学生要坐在哪里才能保证充分融合？	在本周的课程中，助理教师应该怎样为教师提供协同支持？	还需要其他支持吗？

图 4.3　合作团队每周教学计划空白表

活动：主动沟通

活动

起草一封简短的电子邮件，或者写一个脚本，模拟您与老师之间的简短对话，内容是安排一次会议来讨论应该选择什么样的沟通形式。图 4.4 中的模板可供您随意使用。

> 格洛丽亚、大卫：
>
> 你们好！
>
> 我目前正在看《**融合教育助理教师手册**》这本书，了解了各种各样的能让我们定期沟通的好办法，通过沟通，我就能知道应该怎样为你们和我们的学生提供支持。我们能不能在早上见个面，花 15 到 30 分钟，制订一个沟通和支持计划？
>
> 盼回复！
>
> 帕特

图 4.4　主动沟通的信件示例

职业道德：信息保密

我负责支持的一名学生有严重的问题行为。我们镇上的人都知道是我带他。我在杂货店买东西或外出吃饭的时候，经常被问到有关这名学生的问题。我很想说这不关他们的事。但我不得不礼貌地说："有关学生的信息需要保密，我不能告诉别人。"背后说学生的闲话可不是一般的问题。我必须保持专业，对学生的信息保密。

——唐娜（助理教师）

保密是助理教师工作中最重要的一个方面。您代表着所在学校的形象，因此，工作期间，碰到有人跟您打听学生情况，一定要小心。很多家长和社区成员可能会打听有关学生行为、残障或活动的细节。想想办法，避开那些可能不够恰当的私密问题。例如，有的家长可能走过来对你说："我看见是你负责带露西啊，她为什么需要助行器？"您要怎么回答？您可以考虑这样说："很抱歉，学校的保密规定不让我聊这种事。"然后，您可以让家长去找可以跟他们聊的人，"您可以去问普通教育教师、特殊教育教师，或者校长，随便谁都可以"。

> 您代表着所在学校的形象。

反思

您能想到哪些涉及保密信息的问题？

针对这些问题，写个脚本模拟对话。

有关团队合作，最常见的问题

常见问题

问：我不太确定自己在艺术课上应该做些什么？我都没跟艺术课老师说过话，所以大部分时候我只是坐在教室里，为两名学生提供支持，我该怎么办呢？

答：和老师约时间见个面。可以这样问："我该怎样做才能对班上的学生最有帮助？""您给出教学指令的时候，我该怎样才能更好地为您提供支持？""学生做大作业的时候，您希望我做什么，不希望我做什么？"不管您要提供支持的课堂是什么样的，这些对话都至关重要。

问：我知道一些常见的协同支持形式，但是我们一种都没用过，我在教室里，要么就是坐着，要么就是四处走着提供辅助，我该怎么提议使用那些策略呢？

答：给老师看看这些安排。主动发起对话，问问这些安排对你们的团队是否有用。

问：给我分配的任务让我觉得不舒服，怎么办？

答：把自己的苦恼告诉教育团队。不一定非得改变您的职责，可以找人分担。如果您觉得这些事情超出了自己的工作范围，那就与教育团队谈谈，之后再与校长或特殊教育主任谈谈。

问：我的工作有哪些保密事项？

答：考虑一下这个问题——如果这是我，或者我的孩子，我会希望告诉别人这些信息吗？宁可永远保守秘密，也别冒险告诉别人。告诉别人有关学生的任何信息（如学业成绩、行为、事情，不管是什么），都是侵犯他们的隐私，这是指导原则。如果您不确定，仔细看看学校规定是怎么写的，再了解一下团队认为哪些信息需要保密。

问：如果别人问我的问题涉及保密信息，我该怎么办呢？

答：提前准备，练习一些张口就来的话，比如："这事儿应该问基恩夫人。"

本章小结

作为团队成员在学校工作可能很不容易，但也很值得。了解每个团队成员的角色，包括自己的角色，可以让您更了解自己的工作。多了解自己的合作伙伴，这对建立团队信任至关重要。而且，协同支持也有助于明确每个成员在课堂上的具体作用和职责。关键在于沟通。团队合作的时候，互相沟通、解决冲突越高效，团队工作就越顺畅，越能为学生提供密切支持。下一章的重点是如何换一个角度，以学生的长处、天赋和才能来看待他们，让他们充分发挥自己的学习潜能。

待办事项

待办事项

看完这一章后……

- 完成本章活动和反思两个部分的要求。
- 在团队会议上提出自己的问题；确定每个成员的角色和职责。
- 再看一遍助理教师的岗位职责说明，保证自己清楚了这份工作的要求。
- 和老师们一起讨论如何提供协同支持。
- 为您负责支持的学生和所有的相关服务提供者绘制一个服务团队网络图。
- 与您负责支持的学生相关的 10 个重要问题一定要问出并得到解答。

第五章　换一个角度看待学生

教育假设素养

> **百花齐放才是春。**
>
> **——谚语**

> 我已经做了23年的助理教师了。最让我惊讶的是这些学生真的很聪明。回想我刚开始参加工作时……每天让他们做的就是练习写自己的名字和地址，还让他们给塑料熊配颜色——孩子们讨厌一遍又一遍地做同样的事情。
>
> 后来我们来了个新老师，一切都变得不一样了！我们现在要带这些孩子去上代数课和物理课。我以为这位老师疯了（笑）……但是，我永远都忘不了我为丹尼尔提供支持的那一天。我把计算器给了他，让他算出一道题。这道题很难，可是他没用计算器，还把答案写了下来。我对了一下答案。他算对了！这让我想哭。天知道我们以前对丹尼尔这样的孩子做了什么，谁知道丹尼尔这样的孩子能做到什么！
>
> ——钱特尔（助理教师）

本章将要讨论的是换一个角度看待学生。换一个角度看待学生，需要尽最大可能去了解学生，然后思考自己应该如何看待、对待学生，如何与他们打交道。我们首先要讨论的是换一个角度看待学生的重要性，尤其是那些被边缘化的弱势群体学生。之后，我们要介绍的是如何借助学生的长处和不同方面的才能向同事或其他人谈及这些学生。本章还会向读者介绍“教育假设素养”这一概念，以及如何使用适合年龄、以人为先的语言。最后，将会讨论如何倡导多样性。

为弱势群体学生提供支持

与很多同龄人比起来，弱势群体学生往往在学业、行为、社交和情绪方面的表现更差，在全国各地的学校中都是这种情况。弱势群体学生的毕业率更低，被停学、退学、开除的比例更高（美国教育部民权事务办公室，2016）。这些弱势群体学生也更容易因为偏见而遭受霸凌，这使他们更容易出现负面情绪，影响身体健康（Rosenthal et al.，2015）。即使这些教育问题难以遏制，我们也可以开始重新训练自己，换一个角度看待我们的学生，以便在学校里为他们提供更好的支持。作为成年人，我们衡量教育效果的时候，应该抱着积极的态度，更加看重学生的整体表现，应该愿意为多样性欢呼，应该重新考虑那些负面的描述，应该关注学生的长处并且以这些长处重新看待学生，这些学生应该得到这样的对待。

活动

活动：如何介绍学生

您将看到两段不同的介绍，描述的却是同一名学生。看看下面这两段话。有哪些不同？您注意到了什么？

第一段：

肖恩特·斯特鲁利（Shawntell Strully）今年22岁，和室友一起住，在科罗拉多州立大学上学，还在学校做志愿者。春假期间她会出去旅行，开着自己的车到处走走。她有自己的兴趣、爱好和愿望，有男朋友，对自己关心的问题直言不讳（Strully & Strully, 1996, pp. 144–145）。

第二段：

肖恩特·斯特鲁利今年22岁，有严重/重度智力障碍、听力障碍、视力障碍、脑瘫，还有癫痫，不会咀嚼食物（有时会噎住），不会用卫生间，没有语言交流，没有可靠的沟通体系，智力发育年龄相当于17～24个月（Strully & Strully, 1996, pp. 144–145）。

上面这两段话是不同的人说的，说的都是肖恩特·斯特鲁利，却有天壤之别。第一段话是她父母说的，第二段话是她的老师和其他在学校为她提供支持的工作人员说的。尽管不是所有的老师都会这样描述肖恩特，但这段话确实是她的团队写在个别化教育计划里的。把两段话放在一起，真是触目惊心。如此鲜明的对比，引出了一个问题：同一个人，在不同的人的描述中，怎么可能呈现如此巨大的差异呢？

最主要的原因是不同的人关注的内容是不同的，他们看待肖恩特的角度也是不同的。肖恩特的父母对孩子非常了解。他们花了很多的时间陪伴她，非常了解她，觉得她是一个兴趣广泛、能力出众的人。他们介绍孩子的时候提到了她的兴趣、天赋和才能。相反，从老师们对肖恩特的描述中可以看出他们对她的了解并不深入，他们说的这段话基本上都是她的困难和残障状况，就像一份诊断书。

> 每当我接触某个孩子的时候，内心都会有两种情绪：对眼前的他，我温柔以待，对未来的他，我心怀尊重。
>
> ——路易斯·巴斯德（Louis Pasteur, Institut Pasteur, n.d.）

重新思考您的描述

作为与残障学生打交道的助理教师，您可能会经常听到这种以残障为主的描述，因此您应该努力通过学生的长处、天赋和才能去了解他们。您可能看过某位学生的个别化教育计划，里面可能全是“心理年龄只有 2 岁”“恐惧症”“有攻击性”等字眼。看着这些描述的时候，您要意识到这只是学生的一个侧面。您要自己去了解学生，去了解他能做些什么。希望您对学生进行描述更像是以肖恩特父母的角度，而不是以老师的角度。做个学生闪光点小档案（见图 5.1），以人为本、着眼长处，通过这些长处了解这个学生。

> 我喜欢玩乐高。我喜欢玩“我的世界”游戏。我喜欢看《星球大战》。我喜欢他们用有意思的方式上课，不是干巴巴地讲。多给我们分组，让我们搭档吧。我希望老师把我当作一个人而不仅仅是一名学生来了解我。
>
> ——阿莉娅（中学生）

> 我不是一大堆需要治疗的缺陷。
>
> ——杰米（雪城大学学生，孤独症人士）

从长处开始介绍

最近我们在一所中学和一群助理教师一起工作，我们请他们介绍一下自己负责支持的某个学生。现在请您也这样做。

学生闪光点小档案

长处、爱好、才能

讨厌的东西

沟通

行为

学业表现

在各个领域的具体表现

社交信息

特别关注

其他相关信息

图 5.1　学生闪光点小档案

活动：描述学生

想想自己负责支持的学生。用 10 个词描述这名学生，把这 10 个词写在表中的左侧一列里。

描述学生的词（之前）	描述学生的词（之后）

仔细看看自己写的这些词。这些词是正面的，还是负面的，还是两种都有？把那些负面的词都圈起来。如果您不确定这些词是不是负面的，那就想一想，如果别人提到您，您是否希望他们用到这个词。现在把这些负面的词换成正面的，或者中立的，重新写在右侧一列。举个例子：

您可以认为这名学生……	但也可以认为这名学生……
多动	主动学习
懒散	松弛
注意力不集中	有创意
苛刻	有主见
不成熟	正在成长

续表

您可以认为这名学生……	但也可以认为这名学生……
情绪化	敏锐
注意力涣散	思维活跃
焦虑	谨慎

很多助理教师提到了孤独症、多动、可爱、没有语言、固执、聪明这些词，从这些词可以看出他们对自己学生的看法。

您对学生的看法会影响您为他提供支持的方式。例如，您觉得学生懒散或者不听话，觉得学生很积极或者愿意合作，两种看法之下您对待他的方式肯定是不一样的。花点时间，重新思考一下这些想法或判断，您可能会转变自己对他们的看法。以积极的态度重塑自己对学生的看法，就会创造更多的机会，让他们成长进步。

教育工作者、心理学家、作家托马斯·阿姆斯特朗（Thomas Armstrong, 2000a, 2000b）曾经建议教育工作者要有意识地反思自己描述学生的方式。不管您在哪个领域工作——在与弱势群体打交道时尤其要注意——当教育工作者改变了对别人的描述，他们对这些人的印象就开始发生了改变。阿姆斯特朗强调所有的行为都是人类经验的一部分，行为受多方面因素的影响（如环境、安全感、个人幸福感）。他提出，不要总想着学生没有学习能力，换一个角度看，就会发现学生不是没有学习能力，只是学习的方式不同。

如果所有的教育工作者都能改变自己对学生的看法和说法，会怎么样呢？如果每一位学生都被看作是有能力的学习者，又会怎么样？如果每一位学生都被认为是聪慧机敏和健康完整的呢？重新看待自己支持的学生，最好的办法就是以他们的长处看待他们。问问自己下面这些问题："这名学生能做什么？""这个人有哪些长处？""深爱孩子的父母会如何形容这个孩子呢？"现在回头看看自己写的那些词，花点时间再写一份全是长处、天赋、兴趣的清单。

就在这次的中学教学研讨会上，有位名叫苏西的助理教师就这么做了。她先是列出了一些形容词。然后，她换了一个角度，又重写了一份，和之前的完全不同。最开始的时候，她是这样形容自己的学生布莱恩：懒散，聪明，鬼头鬼脑的，爱撒谎，还挺可爱，(有时候）有点刻薄。讨论如何换个角度看待学生之后，她又拿了一张纸重写，这次写的是：轻松，聪明，可爱，数学好，在同伴关系中需要一些支持，幽默感很强，笑起来很好看。我们问苏西新写的这些形容词是否还能准确描述这个孩子，她回答说，第二次写的要准确得多。

多元智能

有的人聪明，有的人笨，这是教育领域极为常见的误解。人们经常用“智力”“学习潜能”以及“能力”这些词描述一个人“聪不聪明”。在教育领域，这种观念的表现就是通过智商测试给人贴上残障标签。学生的智商测试结果低于 70，如果还有其他功能性技能方面的问题，该生就可能被贴上“智力障碍”的标签。心理学家和教育专家定义了智力的概念，但是霍华德·加德纳（Howard Gardner, 1993）对此提出了质疑，并且提出了多元智能（Multiple Intelligences, MI）理论。多元智能理论认为人类智能多种多样，每种智能都代表了人类处理信息的不同方式。

小测

不要参考表 5.1，您能回忆起多少种智能？

加德纳将“多元智能”之中的每一种智能都看作是人类大脑与生俱来的、在社交情境和文化氛围中得以发展和表现的能力。加德纳没有把智力看作智商测试这种能力测试中的一个固定数值，他认为，每个人，不管有没有残障，都有自己的聪明之处，只是表现方面各不相同。有些人在某种智能领域拥有不可思议的能力，但在另一种智能领域的能力却不那么强。如果教育工作者能始终抱着积极的态度，关注学生的整体表现，这一理论就能发挥巨大的作用。这个理论与本章前面讨论的阿姆斯特朗的观点很像：换一个角度看待学生，发现学生的闪光点。多元智能理论也给教育工作者提供了宝贵机会，使他们认识到把信息呈现给学生的方式是多种多样的，学生处理信息的方式也是多种多样的。表 5.1 列出了加德纳提出的八种智能。我们在表中加了一列，名为“可以据此开展的教学活动”，意思是这些方式可以帮助您重新看待自己负责支持的学生。

活动：多元智能

想想自己负责的学生。想想他们是不是喜欢学习某一智能领域的内容，或者是不是在某一领域表现得非常出色，写下来。仔细研究表 5.1 中建议的活动和教学风格。把可能适合学生的支持方式列出来。

表 5.1　多元智能及支持建议

智能类型	代表什么	可以据此开展的教学活动
言语语言智能	擅长使用语言，包括书面语和口语	讲笑话，演讲，阅读书籍（如故事、散文、传记），浏览网页
数理逻辑智能	喜欢逻辑推理、数字、模式规律	走迷宫、猜谜语、梳理时间线、类比、推导公式、计算、设计代码、做游戏、算概率
视觉空间智能	能够将实物以图像或图形的形式呈现出来或者在脑海中形成图像	画马赛克、作图、画插画、做模型、画地图、拍视频、画海报
身体运动智能	了解自己的身体和做运动	角色扮演（如演小品）、做面部表情、做实验、实地考察、做运动、做游戏
音乐韵律智能	能够辨别音调韵律， 对节奏或节拍很敏感	表演、唱歌、演奏乐器、打节奏、作曲、唱旋律、说唱、唱歌谣、合唱
人际沟通智能	擅长人际互动、处理人际关系	开展小组项目或小组任务，观察对话，交谈，辩论，游戏，采访
自我认知智能	了解自身状态，能够反思，有自我意识	写日记、冥想、自我评估、录音、创造性表达、设定目标、声明、作诗歌
自然探索智能	了解外面的世界（如植物、动物、天气变化规律）	实地考察、观察、在大自然里漫步、关注天气预报、观星、钓鱼、探索、分类、收集、鉴定

教育假设素养

在学校环境中，对学生的预设会影响他们的学习表现。就拿苏·罗宾举个例子。

苏有孤独症，13 岁之前一直都没有稳定的沟通方式。那个时候，她的个别化教育计划显示她的心理年龄只有 2 岁。心理年龄通常是根据智商测试的结果判断的。例如，一名 14 岁的女孩的智商测试结果相当于一名“典型”或者“普通”3 岁孩子的测试结果，那么就可以判断她的心理年龄是 3 岁。可是，用这个方法看待智力并没有什么用。后来，苏学会了辅助交流法这种沟通方式，长期以来对她的各种预设就没有根据了。人们开始意识到她其实很聪明。之后，在整个高中阶段，她一直都在学习大学先修课程，还顺利步入了大学（Biklen, 2005; Rubin, 2003）。

教育工作者没法真正判断学生到底理解了多少东西，所以应该假设每一位学生都是有能力的，都是能够学习的。安·唐纳伦（Anne Donnellan）是一名老师，也是一名教育研究人员，主要研究孤独症，她用了“至微危险假设”（Least Dangerous Assumption）这个术语说明这种理念。至微危险假设，指的是如果我们需要在没有确凿证据的情况下做出假设，那么应该遵循这样的原则：即使将来能有证据证明这个假设不为真，其对人的危害也是最小的（Donnellan, 1984, p. 24）。换句话说，我们应该始终假设学生是有能力的，可以学习的，而不是预设他们没有学习能力。

比克伦和伯克（Biklen & Burke, 2006）提出了教育假设素养的理念，他们解释——外部观察者（如治疗师、教师、家长、助理教师）是有选择的，他们可以自主判断一个人是有能力的还是没有能力的。如果我们假设一个人有能力，就代表我们认同这样的观点：没有人能够确切知道另一个人的想法，除非对方能够（准确地）明示这种想法。正如比克伦和伯克所说：“假设一个人有能力，就不会限制他的可能性……这种假设让教师、家长及其他专业人员承担起这样的任务——找到办法为这个人提供支持，让他证明自己的能动性。”（p. 167）图 5.2 列出了提高教育假设素养的策略。

提高教育假设素养的策略

- 检视自己的态度。练习着说："怎么才能让这个起作用呢？""怎么才能让这个孩子学会呢？"
- 要知道，一个人长得什么样、走路什么样、说话什么样并不能代表他的思想和情感，问问自己有没有这样的成见。
- 使用适合学生年龄的语言。注意自己的语气和话题。
- 辅助学生沟通。
- 以开明的态度倾听，尽量不武断、不臆断。
- 学生的有些行为可能令人困惑，教会他的同学以及其他人如何解读这些行为。
- 学生在场的时候，说话要注意，不要当他不存在。
- 要促进融合。在谈话中可以提到他的名字，让他有参与感。
- 想要向他人透露有关学生的信息，需要征得其同意。
- 保持谦卑之心。
- 允许学生表达自己的想法。碰到需要解释的事情，如果可能，尽量让学生自己解释，不要包办代替。
- 要假设学生的智力水平与其生理年龄吻合。要相信，如果学生能够学习适合其年龄的课程，就一定会有所收获。
- 努力寻找学生理解所学内容的迹象。
- 支持学生利用自己的长处来表明自己理解了所学内容。给学生机会，让他们发挥自己的长处，理解所学内容，掌握所学课题。
- 做出适当调整、提供合理便利，让学生获得学习机会。
- 始终都要认可自己的学生。一定不要忽略残障人士的存在，要像尊重普通人那样尊重他们。

策略

请记住，如果你想看到他们有能力，那就努力去寻找他们有能力的迹象，这样会有帮助。

——道格拉斯·比克伦（Douglas Biklen）

图 5.2　提高教育假设素养的策略

来源：Kasa-Hendrickson & Buswell (2007). *The Paraprofessional's Handbook for Effective Support in Inclusive Classrooms* by Julie Causton and Kate MacLeod.

另外，鉴于没有稳定沟通方式的学生给教师和助理教师带来了特殊挑战，我们就如何为不使用口语交流的学生提供支持给出了建议（见图 5.3）。

如何为不使用口语交流的学生提供支持：11 个建议

1. 每个人都有沟通的权利。所有有沟通困难的学生都应该配备辅助沟通系统，让他们表达自己想要表达的东西。辅助沟通系统可能包括手语、扩大沟通、打字、指物沟通，或者通过眼神表示选择的方式。
2. 要假设学生有能力、能学习。要相信所有学生都能从学校教育中受益，都能学习高水平的学术知识，都渴望友谊，都希望与人有联系。
3. 要一直让他们自主选择。要让他们知道自己的选择对自己的生活有影响（如“你想要水还是牛奶？”“要红色的还是紫色的？”）。
4. 永远不要忽略他们的存在。学生在场的时候，说话要注意，永远不要当他不存在。要假定他们在听您说话，永远都不要以为他们理解不了您所说的话。
5. 在谈话中要让学生有参与感。例如，学生讨论沉浮实验的时候，助理教师说道：“玛雅，你会喜欢这本书的，书里讲的都是关于游泳的。”认可玛雅、认可她喜欢的东西，这就是非常好的接纳和融合。
6. 坚持着眼长处。这个人不使用口语交流，那么他用什么交流呢？他能做什么呢？他有哪些天赋呢？
7. 语气和举止都要适合学生的年龄。换句话说，怎么和他的同龄人说话，就怎么和他说话。
8. 给学生机会，让他们去体验适合其年龄的事情。给他们足够的空间和支持，这样他们就能有和同龄人相似的经历（如碰到困难、遭遇失败、无事可做、游手好闲，甚至是惹点麻烦）。
9. 教其他学生如何与沟通方式和我们不一样的人交流。
10. 每节课之前都要调试好辅助沟通设备，把上课内容输入进去。如果学生只会使用“是”或“不是”沟通，那就应该问他能用“是”或“不是”回答的问题，如“6 乘 6 等于 37，你觉得对不对？”
11. 努力寻找学生理解所学内容的迹象。只要您想找，就有可能找得到。

图 5.3　如何为不使用口语交流的学生提供支持：11 个建议

培养开放型思维

教育假设素养与开放型思维（也称成长型思维）密切相关。思维指的是指导我们与他人互动和做出其他行为的想法和信念。神经学领域的研究（Sapolsky, 2017）

表明，人类大脑额叶不断地总结和存储个体与家人、朋友和整个社会的互动情况，在此过程中形成了个体自己的思维定式，这个过程在人很小的时候就已经开始了。不管什么人，对自己、家人、未来、工作、教育、政治、宗教以及其他人都有自己的思维定式。成年人的思维定式可能已经根深蒂固或者非常固定，因此很难改变。教育应该是什么样子的？什么样的人才是聪明的？根据过往的经验，您可能已经有了自己的想法（比如：教育就应该是让所有的学生都排排坐，安安静静地听讲；聪明的学生就应该能说会道并且擅长阅读和写作）。然而，这些思维定式限制了我们的学生，固化了某些刻板印象。如果教育工作者对残障标签、社会经济地位、性别、语言、种族或者文化存有固化思维，并且因此低估了学生的能力，那么由此给学生带来的就不是益处，而是巨大的伤害。

相比之下，要让学生取得进步、有所收获，最重要的一个基础就是有一位相信学生的教育导师。优秀的教师和助理教师有着开放型思维，他们对教育抱着这样的信念：相信所有的学生都能成功。有着开放型思维的教育工作者与学生打交道的时候常常能想出更有创意的支持方式，更清楚自己需要做些什么帮助学生取得进步，更能给学生鼓励，支持他们相信自己。如果您能以这种方式与学生打交道，学生就能一直从您这里得到这样的暗示：他们可以成功，并且可以得到成功所需的支持。那些曾经以为自己“不够聪明”或“没有能力”的学生也会开始以更积极的眼光看待自己，他们在学业成绩、社会情感和行为表现方面都会取得进步。

用适合学生年龄的语言

很多人都觉得残障人士的发育水平比较低，所以倾向于用一种对待小孩子的态度对待残障人士（就好像他们比实际年龄小很多一样）。例如，我们听过教育工作者这样问一名高中生“你要去洗手手吗？”如果这名高中生没有残障，您肯定不会这样跟他说话，也不会用这样的词。我们还听过有人提起一位患有唐氏综合征的大学生时说“真是个小可爱”。但是，我们描述残障人士的时候应该使用适合其实际年龄的语言。

教育工作者应该以适合学生年龄的方式对待他们。朱莉曾经见过一位助理教师在走廊里拉着一名六年级学生的手。如果这名学生没有残障，这位助理教师还会觉得拉着他的手这种行为适合其年龄吗？应该不会吧。因此，不管学生有没有残障，拉着六年级学生的手就是不太合适的。同理，让学生坐在自己腿上、玩不适合其年龄的玩具、唱不适合其年龄的歌曲等，都是不合适的。问问自己，如果学生没有残障，您会怎么和他们说话，怎么对待他们，就按那种方式做就行。

反思

花点时间，想想自己有没有某种思维定式。

您是否认为每个人都有一部分的智能是无法改变的。或者，您是否认为人们可以花时间努力提高自己的智能。

您是否认为如果一个人有了残障、家庭背景不好，或者来自某种文化背景，那么他肯定表现不好。如果是这样的话，那可能就证明了您在成长过程中形成了某种僵化的思维定式。您该怎样改变这种观念，变得更加开明，为学生提供更好的支持呢？

您认为知识和见识是源于失败和挫折，还是源于成功。

如果您发现自己的思维有点僵化，没有必要担心！很多人都有这种情况，如果您愿意花点时间，付出努力，就能学着开明一点。为了让自己以更开放的心态面对自己负责支持的学生，您可以用下面这些话提醒自己：

- 我要让学生知道我相信他们的价值和潜力，只有这样，他们才能取得进步。
- 对所有学生，我都要抱着较高的期望。
- 学生需要哪些支持才能取得进步，我就给他哪些支持。
- 我知道，所谓成功，对不同的学生来说，其表现并不一定都一样。
- 在某种程度上，成功与否应该以学生的个人成长定义。
- 学生不是从成功中学到东西、增长见识的，而是从挫折和失败中学到东西、增长见识。

上面这些话可以帮助您以开放的心态对待自己的学生，下一步就是把这些话付诸实践。表 5.2 给出的一些建议可以帮助您摆脱僵化的思维定式，以开放的心态面对学生。花点时间，考虑一下怎样才能马上把这些建议付诸实践。

表 5.2 僵化思维和开放型思维

僵化思维	开放型思维
您发现自己会因为学生有残障、讲某种语言、来自某种文化背景，或者处于某种经济地位而降低自己的教学要求。	您对学生抱有很高期望，并且向他们很清楚地表达了这些期望。您总是想办法为学生提供机会，让他们克服困难、慢慢成长。
您强调 / 赞扬学生的聪明。	您强调 / 表扬学生的付出和努力。
您只强调 / 赞扬天赋。	您强调 / 表扬学生，因为他们生而有价值、生而有潜能。
您不会公开自己遭遇失败和挫折的经历。	您与学生分享自己遭遇失败和挫折的经历，同时强调您如何坚持不懈地付出和努力。

以人为先的语言

> 如果思想会腐蚀语言的话，语言也会腐蚀思想。
>
> ——乔治·奥韦尔
>
> （George Orwell, 1981）

描述、提到、写到残障人士时，如果是抱着尊重的态度，很多人会用一种常见的措辞，这是种以人为先的语言，您很容易就能将这种措辞融入自己的谈吐，以这种以人为先的语言提及自己负责支持的学生。“以人为先”这一概念非常简单，接下来会加以详细解释。

避免使用标签

尽管教育工作者和其他专业人士在使用语言方面已经有了很大的进步，但不幸的是，提到残障学生的时候，大家还是会给他们贴上标签，而不是使用以人为先的语言。“学习障碍学生”“孤独症男孩”“唐氏孩子”“资源教室的孩子”“融合的孩子”，您听过类似的说法吗？

残障人士希望别人如何谈论自己，关于这件事，搞清楚他们本人的喜好还是很重要的。表 5.3 中列出了来自几个自倡导组织（Disability Is Natural 和 TASH）的参考意见。

如果您拿不准应该如何向同事或者其他负责支持学生的专业人员描述这名学生的残障状况，那就试试这个总体原则：以这个人的名字或者称呼为先（比如，“我负责的这名学生有学习障碍”比“我负责一名学习障碍学生”更好一点）。

和别人一样

还有一个办法，能让您重新训练一下自己，学着使用以人为先的语言谈论残障学生，那就是先想想您会如何介绍没有残障的人。您可能先说这个人的名字，再说说自己如何认识他的，或者形容一下他是什么样的人。那么介绍残障人士也应该是这样的。不要说“唐氏综合征学生切尔西”，可以说，“切尔西，第一节课上生物的那个孩子”。我们不应该以一个人的某一个方面特征作为他的身份标识——尤其是这个特征代表的还是他的难处或者痛苦。语言是有力量的。我们谈及残障人士、描述残障人士的方式不但会影响我们的看法，也会影响我们与这些学生的互动。这对听到这些措施的人来说也是一种示范。

如果您自己的孩子摔断了胳膊，您会这样跟别人介绍他吗？“这是我摔断胳膊的孩子。”当然不会。如果有一名学生患有癌症，您觉得老师应该这样说吗？“这是我的癌症学生。”当然不能！摔断胳膊、患了癌症或者有某种残障不是什么丢人的事儿——骨头断了或者细胞有点问题，不能代表这是个什么样的人。

表 5.3　以人为先的语言的例子

应该这样说……	不要这样说……	因为……
残障人士（people with disabilities）	残废（the disabled or handicapped）①	以人为先，强调人
普通人	正常人 / 健康人	不该用那些隐含“有残障的学生就是不好的”意思的说法（比如不正常的、不健康的、不典型的）
艾拉，四年级学生	艾拉，唐氏综合征学生	尽可能地去掉标签；绝大多数情况下，这些标签并无必要
跟她沟通的时候用眼神、设备等	不会说话	强调能做什么，而不是不能做什么
使用轮椅	离不开轮椅	提到辅助设备的时候用所有格（主动）语言；不该用那些隐含这个人被“困住了”的意思的说法

① 译注：基于语言及构词的不同，此处原文想要强调的区别在中文表达中并没有那么明显，原文表达的意思是希望不要用残障形容某个人的性质，而应该说他们有残障，这只是构成他们的一部分，但是中文表达中没有这样的区别。在中文语境中我们更多会注意避免采用“残废”这样含有贬义的词称呼残障人士。

续表

应该这样说……	不要这样说……	因为……
无障碍车位	残疾人车位	更准确地表达
贝丝有孤独症	贝丝是孤独症	强调残障只是一个特征，而不是属性
盖尔有学习障碍	盖尔是学习障碍	强调残障只是一个特征，而不是属性
杰夫有认知障碍	杰夫是弱智	强调残障只是一个特征，而不是属性。另外，“认知障碍”这个说法也让人更容易接受
本接受特殊教育服务	本是特殊学生	特殊教育是一种服务，不是一个场所
失明的学生	盲人学生	以人为先，强调人，而不是残障
丹尼斯用电脑写字	丹尼斯不会用笔写字	强调学生能做什么，而不是不能做什么
需要放大镜、笔记本电脑或手杖	视力有问题，不会写字，不能走路	不强调问题，强调需求

来源：Snow（2008）.

为多样性喝彩

医学、商学、心理学和教育学等不同学科的研究都表明，多样性对成功至关重要（美国能源部，2012；Gomez & Bernet, 2019; Gurin, Nagda, Lopez, 2004; Tadmor, Satterstrom, Jang, Polzer, 2012）。例如，研究表明，多样化群体的解决问题的能力和决策能力更强（美国能源部，2012；Page, 2008），在工作场所，多样性可以提高人们的创新能力、生产力，帮助人们成长（Lorenzo & Reeves, 2018）。针对教育的研究表明，在学校，多样性可以提高学生的学习成绩（国家教育进步评估，2017），提高大学学生入学率（Palordy, 2013），还能防止学生辍学（Balfanz & Letgers, 2004）。实际上，教育研究人员派克及其同事（Peck, Staub, Gallucci, Schwartz, 2004）曾经表示，促进学生参与课堂活动，一个最重要的因素就是让他融入多元化的班级社群。

然而，我们的社会、我们的学校常常过分看重整齐划一和完美无瑕。想想那些标准化考试、标准化课程吧，再想想我们多么重视在毕业典礼上致辞的优秀毕业生，再扩大到社会上，家庭结构应该是什么样的，有标准；漂亮和成功应该是什么样的，也有标准。可是，既然所有的研究都表明，多样性会让所有人更快乐、更积极、更高效、更创新，那么我们鼓励您为学生的多样性喝彩。学生在学业和行为上的差异值得尊重，他们在种族、民族、能力、沟通方式、生活经历、语言背景等方面的差异也值得尊重。为这些差异喝彩吧，这是为自己的学生和学校提供更好的支持的重要途径，也是我们为彼此提供更好的支持的重要途径。

有关学生，最常见的问题

常见问题

问：如果学生喜欢的玩具或游戏不适合其年龄，应该怎么办？

答：大家常常用对待小孩子的方式对待残障人士。因此，给他们的东西常常是同龄人都已经不玩了的卡通、娃娃或游戏。他们的同龄人可能会觉得这些东西不够“酷”。有一个办法，就是让他们听适合其年龄的音乐或做适龄的活动。

问：在以人为先的原则下，有例外吗？

答：有的。听障人士常常比较喜欢把听障放在称呼的前面。有一个名叫“听障放前面”（Deaf First）的组织提出听障就是一个重要的身份标识，他们更愿意接受“以残障为先”的说法。同样，有些孤独症人士也更愿意接受形容词的说法，或者比较喜欢说自己是“神经多样性人士”，有些人还用他们圈内的昵称，比如“孤独星人”。所有残障人士都喜欢某一种称呼，不喜欢另一种，这样说是不准确的。不过，以人为先是一个指导性的原则，因为很多自倡导组织都认为用这样的措辞比较尊重。

问：我觉得我负责的这个学生真的不聪明。这个学生有智力障碍，我怎么假设他有能力？

答：对于标准化的智力测试，他可能答得不好。但是，您的教育责任是发现他的长处。带他学习的时候，多想想他能做什么，而不是不能做什么。每个人都有自己的聪明之处。努力以开放的心态看待这名学生。要坚信他生而有价值、生而有潜能，要坚信您再多花点时间、再耐心一点，就能发现他的一些潜能。

本章小结

要让我们的课堂、学校和社区更加丰富、更加成功，多样性是其保障。标签并不能准确地描述一个人。残障儿童跟所有人一样，也是独特的个体，有着无穷的潜力（Snow, 2008）。认同这一点，不仅仅是有个好态度的问题，还是信念的问题，要相信所有学生都是聪明的孩子。除此之外，这种信念还能让您以提升学生自尊自信的方式对待他们，为他们提供支持，与他们打交道。第七章将要讨论的是：自尊自信如何有助于社交关系的发展。

待办事项

待办事项

看完这一章后……

- 完成本章活动和反思两个部分的要求。
- 在日常生活中，发掘不同的方式为多样性喝彩，培养自己的开放型思维。
- 多加练习。
- 关于这一章，您有哪些具体问题，全都写下来。

第六章　提供学业支持

我很惊讶地发现，为史蒂文提供支持并不需要做太多。让他画，不用他写，他就能把科学课上的教学要点呈现出来。因此，针对他的需求所做的改动就格外简单，一点创意，再加上特殊教育教师的指导就行了。但是对于安德烈娅就不同了，为了让她保持专注和投入，我需要学习很多新技能。我得学会给她的设备编程，还要把她每节课可能需要的东西全都下载到她的设备上。

——梅根（助理教师）

我们怎么教，孩子怎么学，这种方式如果不行的话，那么也许应该换一种方式——孩子怎么学，我们怎么教。

——伊格纳西奥·埃斯特拉达（Ignacio Estrada）

本书两位作者在日常生活中也通过各种各样的方式为自己提供支持。例如，朱莉每天都定好闹钟，早早起床，然后去骑自行车，这样就能保证锻炼的时候能够适应。凯特用电子日历功能安排每天的日程。朱莉把每天要做的事情写在一张卡片上，还把这些事情按照重要性排序，在左边空白处标上序号。如果我们有共同的任务要完成——如写这一章的时候——就会通过视频会议平台互相加油。我们会用智能手机或者智能家居设备设置一个计时器，一次 30 分钟、15 分钟、10 分钟，甚至 5 分钟。计时器响了的时候，我们会互相检查，看看对方写完了多少，看看我们可能需要关注哪些东西，或者回答对方在写作过程中遇到的问题。我们写这些的意思是：我们每个人都需要对周围环境、日程安排和行为做出改动或调整，这样才能顺利地适应社会生活。本章要讨论的是可以做出哪些调整、提供什么样的合理便利、做出什么样的改动来为残障学生提供支持。我们会介绍一般性策略以及针对不同内容的具体策略，另外还将针对辅助技术和数字化工具展开讨论。

反思

您在日常生活中一般都用哪些支持方式让自己更有成就感?

作为助理教师，您要针对学生的需求做出适当改动或者为其提供合理便利，帮助他们在学习上找到方向，这是一项艰巨的任务。2001 年颁布的法案《不让一个孩子掉队》要求助理教师“在有资格认证的工作人员的直接监督下”为学生提供支持。法律规定，助理教师无须确定针对学生需求做出什么样的改动或者调整。因此，您只需执行有资格认证的教师制订的计划即可。具体来说，针对助理教师的规定如下：

法律资讯

提供教学支持的助理教师必须在高素质教师的直接监督下工作（§§ 1119 [g][3][A]）。

助理教师在教师的直接监督下工作，指的是：(1) 教师准备课程，制订教学支持活动计划并交由助理教师实施，评估助理教师负责支持的学生有无进步；(2) 助理教师与教师密切合作，常常在教师身边工作（§ 200.59 [c][2] of the Title I regulations）。

因此，如果项目成员都是助理教师，那是不被允许的。应该让有资格认证的教师设计课程，您负责在课堂上帮助学生复习或巩固学习内容，还要向团队反馈哪些措施对您负责支持的学生有效。您不负责设计课程，也不负责教授新内容。

本章将为您介绍几种不同类型的改动，还会讲解具体应该如何根据教师的指导做出改动和调整，以便满足您负责支持的学生的需求。首先，我们会讨论为学生提供支持的一般性策略，之后是针对某些内容的具体策略，最后还会针对不同内容领域提出支持建议。您可以考虑和您其他的教育团队成员一起研读本章。图 6.1 是常见的支持工作流程图，根据玛丽·贝丝·多伊尔（Mary Beth Doyle, 2008）教授编制的流程图改编，她的研究领域是特殊教育课程设计以及助理教师培训与支持。

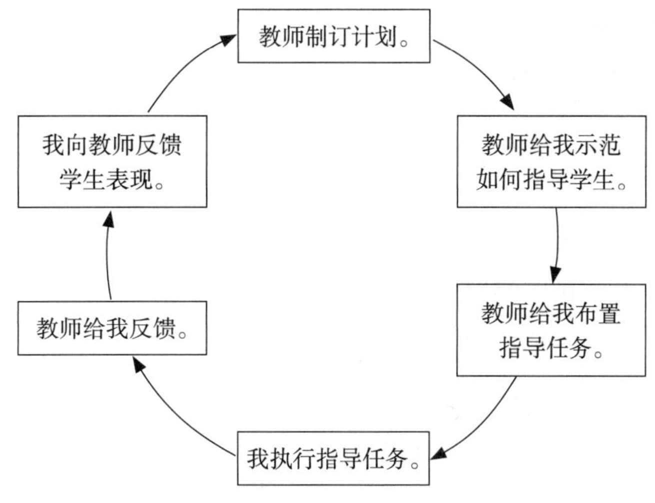

图 6.1 支持工作流程图

来源：Doyle, M. B. (2009). *The paraprofessional's guide to the inclusive classroom: working as a team* (3rd ed., p. 58). Baltimore, MD: Paul H. Brookes Publishing Co.; adapted with permission.

调整：合理便利和适当改动

“调整”（Adaptations）是一个总称，包括教师针对学生需求提供的合理便利以及做出的适当改动。合理便利和适当改动是为了顺应学生需求、针对环境、课程、教学或评估做出的调整，目的是使残障学生在学习方面取得进步，与其他学生一起积极地参与普通教育课堂以及学校的各种活动。以下内容引自科罗拉多州的科罗拉多斯普林斯①的匹克家长中心，谈的就是合理便利与适当改动之间的差异。

合理便利

提供合理便利指的是改变学生获取各种信息、呈现学习成果的途径。提供合理便利不会大幅度地改变学习难度、学习内容或考核标准。为了给学生提供合理便利所做的改变，其目的在于让残障学生和其他学生一样获得学习机会，还有同等的机会呈现自己学到的东西和能做的事情。提供合理便利包括改变教学内容的呈现方式、学生的回应方式和程序、教学方法、教学时长和日程安排、教学环境、设备、结构等。

---

① 译注：科罗拉多斯普林斯（Colorado Springs），又名科罗拉多泉，是美国科罗拉多州的第 2 大城市、美国第 40 大城市。

合理便利的例子

- 以口试形式参加考试；
- 大字课本；
- 考试延时；
- 给柜子配备（方便开启的）特质锁具；
- 家校沟通工具，用于每周沟通；
- 同伴支持：同学帮忙记笔记；
- 实验任务单，重点标注操作说明；
- 有助于整理和列出数学题的图画纸；
- 数字化课程；
- 用电脑打字代替手写字；
- 将指令要求的重点标记出来。

小测

现在您已经清楚了合理便利和适当改动之间的区别，您会如何向别人解释二者的区别呢？举个例子，您在电梯里或者吃饭时碰到了一个人，您跟对方说起了自己助理教师的工作，这个人问您："合理便利和适当改动有什么区别？"您会怎么回答呢？

适当改动

改动指的是改变对学生所学东西的要求。这些变化是为了让学生有机会以有意义、有成就的方式和同学一起参与课堂和校园活动。改动包括在学习难度、学习内容及考核标准方面所做的改变。

下面列出了适当改动的具体例子，都可以应用到普通教育课堂上。制订个别化教育计划的团队成员需要判断应该为学生提供哪些合理便利、在哪些方面做出适当改动，以便满足学生的个性化需求。

适当改动的例子

- 做写作练习时，可以不写全文，只写大纲即可；
- 考试的时候可以使用图形作为沟通符号；
- 使用同一主题或课题的书或者材料代替原有教学材料；
- 使用计算机单词提示程序辅助学生拼写单词；
- 为学生提供词库辅助其答题；
- 数学考试期间使用计算器；

- 使用视频代替课本；
- 把问题用简单的措辞重复一遍；
- 用大作业代替书面报告。

判断需要为学生提供哪些合理便利、做出哪些改动，这个过程取决于要让学生在课上完成什么任务、学生有哪些特殊需求。在这个过程中，做决策的是教师，不过助理教师可以就如何将这些调整付诸实践提出自己的建议。如果我们为了顺应学生的需求为其提供合理便利、做出适当调整，那么所有的学生都可以有机会学习普通教育课程（匹克家长中心）。

提供学业支持的一般性策略

策略

一旦您判定某件事学生做不了，他们就失去了证明您错了的机会。我们一定要对学生抱有较高的期待，学生每天都会给我惊喜。我为詹娜提供支持的时候就是抱着“她能行”的信念开始的，她需要支持的时候我再为她提供支持。

——杰伊（助理教师）

着眼于学生能做的事情

为学生提供支持的时候，总想着学生这也做不到那也做不到，很容易就会垂头丧气了。例如，有位名叫史蒂文的三年级学生，患有唐氏综合征，我（朱莉）在考虑为他提供支持的时候，很容易就想到：他不认字，我该怎么帮他理解这一章里有关科学的那部分内容呢？这个时候换个角度思考一下，问问自己这名学生能做什么，这样可能会有帮助。着眼于学生能做什么，而不是盯着他不能做什么，拿史蒂文的例子来说，可以这么想：史蒂文很擅长跟人打交道啊，他理解一般的概念也没什么问题，画自己认识的东西也画得很好，还能标出各个部分的名称，也能回答问题。

我们把关注点放在了史蒂文能做的事情上，如听人说话、社交互动、理解主要意思等。在安排其他同学默读科学课教材的时候，我们可以让史蒂文的同桌朗读。每学完一个小节，就让他和同桌就这一小节说点什么。史蒂文听同桌朗读的时候还可以把细胞分裂的主要概念画出来。两个人还可以就这一节的内容和他画的画互相提问。这个办法对史蒂文和同桌很有用，老师决定以后再教这种学习内容的时候就像这样让全班都朗读。

着眼于学生能做的事情，这种思路也适用于中学生。凯拉是一名高三学生，我（凯特）负责为她提供支持，针对她的多重障碍，我们为她提供了很多合理便利和各种支持。她有很多健康方面的问题，接受了好几次手术，需要坐轮椅，经常感到疲劳。我们需要给她额外的时间她才能完成家庭作业和大作业，还需要把所有的教材都做成数字化教材，这样她就可以轻松地放大文本，或者听有声书，我们抑或使用文本转语音的程序为其视觉障碍提供便利。

有些老师觉得凯拉有点脆弱——无论是身体上还是情感上都是——所以一致认为，为她提供支持的最好方式就是“不要把她逼得太紧”。但是，我和凯拉谈了以后，发现她觉得老师是在“放她一马”，所以她就不按时交作业，或是没做完就交上去，因为“反正他们本来也没指望我干什么”。于是，我们把她所有的长处和技能都列了出来，发现她因为自己的病史很复杂，得到了很多合理便利，继而对争取权益这类的事情非常感兴趣，很想学习如何宣传有关残障的知识，倡导提高公众意识。凯拉的老师利用了这种兴趣，帮助她在日常的学习任务中练习自我倡导，如怎样要求老师为她提供合理便利，怎样和老师一起商量作业截止日期、制订学习目标等。现在，老师对她的期望很高，要求也很清楚，凯拉自己也有兴趣练习如何为自己争取权益，她变得更有能力、更有责任心。

征求学生意见

如果您不确定到底怎么为学生提供支持、什么时候提供支持、支持力度多大，那也不必自己苦思冥想，可以复习一下第四章的内容，将您想跟团队成员一起讨论的关于这名学生的方向性问题都整理出来，或者，再跟团队成员一起复习一下第五章里的学生闪光点小档案，讨论什么样的合理便利、改动和支持才能最大限度地让学生获益。除了与普通教育教师和特殊教育教师一起讨论学生需要什么样的支持之外，我们还应该征求学生的意见，问问学生想要或者需要什么类型的支持、支持到什么程度，这一点至关重要。直接征求学生意见，不仅顺应了以学生为中心的要求，还能帮助他们，而且您也更清楚地了解到他们的学习需求。这种做法让学生有机会决定自己的学习事务，还能有机会为自己争取权益，另外还能让您和学生一起合作，想出更为学生所接受、更有可能奏效的支持方式。

期望值高一些

学生有残障，并不意味着他不能像别人一样完成作业和任务。想要调整给学生布置的任务，要先问问自己是否真的有这个必要。很多时候，教育工作者为学生所做的改动过多，或者针对所有同类残障学生使用同一套改动计划。有些时候，教师最该为学生做的，不是改变自己的期望值，而是改变辅助的种类和力度。

分解任务

对于有些学生来说，把任务分解成一个个小步骤，这种办法可能比较有用。例如，有一位名叫切尔西的学生，他自习的时候需要对照贴在课桌上的待办事项清单。于是，助理教师就把需要完成的大作业写下来，切尔西自己做完哪项就划掉哪项。如果您教的学生不认字，那就可以用图片的形式做这个清单，学生完成哪项就划掉哪项的图片。还有一位名叫山姆的学生，喜欢把任务清单输入到自己的平板电脑里，教师就把所有需要他完成的事情下载到设备上，这种做法可以让他集中精力，对自己的事情负责。

延长时间

针对某些任务，如考试和测验等，很多学生都需要延长时间。例如，有些学生需要更多的时间处理书面语言（如有阅读障碍的学生），有些学生需要更多的时间写字（如在精细运动方面需要支持的学生），还有些学生需要某些合理便利或者设备（如有声书、屏幕阅读器），有些学生很难长时间集中注意力（如有注意缺陷多动障碍的学生），延长时间对他们有好处，不仅可以提高效率，还可以缓解压力和焦虑。还有些学生的残障状况影响身体健康，参加活动的时间过长可能会感到非常疲劳，这种情况也需要延长时间。在时间方面为学生提供方便，他们就可以像其他同学一样高质量地完成任务。

除此之外，还可以考虑灵活安排时间。例如，普通学生考试用时一个小时，那就可以允许特殊需要学生分段考试，第一天考一部分，第二天再考一部分。我们认识一名学生，在主题活动期间，普通学生要选四个主题，她选两个就可以，因为她在每个主题中完成规定任务花的时间要长一些。如果给她延长时间，她就可以圆满完成这两个主题的任务。将延长时间作为一项便利提供给学生，让他们有成功的体验，之后再慢慢减少某些任务的规定时间，看看他们的注意力或者耐力是否有所提高，这种方法可能会有帮助。

每一页上不要有太多内容

有些学生不喜欢一次性看到太多信息，所以在页面安排方面要干净整洁，不要有分散注意力的东西。例如，留出足够的空白可以让这个作业看起来不那么难懂，也不会给人太大压力。这种改变是很容易做到的，就把作业分段复印在几张纸上就可以了。另外，还可以用修正带遮盖掉某些让人分心的内容或图片，这样学生就不会受到那么多信息的干扰了。除此之外，使用索引卡或单词窗——一张纸板，开个小小的矩形窗口，上面盖上玻璃纸，让学生一次只看到一行字或一个单词——也可以让学生在自主阅读时不会看到太多信息。对于数字化作业，很多软件都有高亮突出显示功能，可以让学生每次都只看到有限的信息，这样学生更容易集中注意力。

支持不是直接就给

不要先入为主，认为学生肯定需要帮助。如果学生碰到困难，首先鼓励他向同学请求帮助。如果学生还是没有克服困难，问问“我帮你开个头啊？”如果学生说“不用”，那就尊重他的意愿。学生稍坐一会儿才开始，或者很难进入状态，都是很正常的。试想一下，如果您身边有个人整天跟着您，就为了保证您不浪费一点儿时间，直接进入状态，过不了多久，您可能就会感到压力太大了。面对一项比较困难的任务，走神儿或者抵触是人的本性，所以给学生一点空间，让他为这项任务做好心理准备。

具体化

很多学生都需要具体的视觉展示，如图片或视频，这样有助于他们理解课上学习的抽象概念。吉尔是我（凯特）曾经一起合作的助理教师，她会利用休息时间去学校图书馆和网上搜索一些图片和视频为学生提供支持。这样，与她合作的教师就可以在微课和教学中心使用这些辅助工具。使用视觉支持，不但能让残障学生受益，也能让班上所有学生受益。学习光合作用的时候，观看动画视频要比仅仅通过阅读理解这个概念容易得多。

帮助所有学生学习组织技能

不管是残障学生还是普通学生，组织能力、执行功能比较弱的情况都很常见。执行功能相关技能，指的是帮助我们规划任务、集中精力、记住指令、有效管理多项任务的能力。可惜的是，我们并不是天生就具备这些技能，因此我们必须抓住机会日积月累地培养这些技能，这样才能慢慢学会如何按照重要性顺序安排某些任务，如何设定目标、实现目标，如何控制冲动，如何尽量排除干扰。在给七年级学生上课时，助理教师每节课下课时都让学生检查活页夹，通过这种方式帮助学生提高执行功能。她要保证学生离开教室的时候所有的笔记都放在对应颜色的位置上。亚当一直都很难把自己的东西整理得井井有条，上面提到的这种检查不但对他有帮助，对其他很多需要类似辅助的人也都有帮助。还有一位助理教师打印了一份电子清单，用于提醒学生记住每天要带回家的所有东西。这些清单可以作为检核表用，也可以以短信形式发给学生。

改变教学材料

有些时候，学生完成任务所需要的支持，不过就是换一种教学材料罢了。换一种写字工具，改变写字用纸的大小或类型，在纸上打格、划线，可能就会对学生产生根本性的影响。例如，我（朱莉）有位名叫布雷特的学生，每次让他写字的时候，他都把头埋在桌上，要不就是生气地乱写一通或者把铅笔折断。为他提供支持的教师和助理教师一起讨论了这个现象，分析可能是什么原因导致这种行为，大家应该怎么做才能让他觉得写字是件好玩的事。经过讨论，团队决定让所有学生都选择自己想用的写字工具和纸张大小。听说可以选择之后，布雷特选了一支黑色毡头笔和半张纸。不知道为什么，这种改变对他很有用，他写字的时间比以前长多了。后来他解释说自己看到一整张白纸就会很紧张，而且也讨厌那种铅笔在纸上写字的声音，但却非常喜欢用那种毡头的马克笔在纸上滑过，留下完美的印记。

利用计时器

有些学生需要知道完成任务需要花多长时间，或者需要提高时间管理能力，对于这样的学生来说，使用计时器就很有用。对于有些学生来说，视觉模拟计时器或倒计时器尤其有用。

伊奇正上幼儿园。在教室里，每次一项活动结束，要开始下一项的时候（如地毯玩耍时间结束，要开始做事的时候，或者数学课结束，要开始上音乐课的时候），他就会大发脾气，边哭边喊。因为他很难接受活动转换，教育团队就提议使用计时器提醒他要进行下一项活动了。伊奇的老师给了他一个电子计时器，告诉他让他负责通知同学们什么时候该打扫卫生了。

用计时器试了一次之后，他就非常认真地担起了这个责任。他会在各个小组之间走来走去，提醒同学们"还剩 5 分钟就要打扫卫生啦……还剩 4 分钟……3 分钟啦"。他就这样一直提醒着同学们，直到时间到了为止。这个时候他就会喊："同学们，该打扫教室啦！"对于伊奇来说，计时器让他知道什么时候该换下一项活动了，同时也让他承担了一个重要责任。

连续几个星期在活动转换方面为他提供支持以后，伊奇在这方面的灵活性提高了，他不再一直拿着计时器倒计时了，而是在智能黑板上设置了计时器，让全班都能看到。

课前教学

在课前针对相关词汇或主要概念进行课前教学，对很多有学习障碍、智力障碍或处理信息很慢的学生来说都很有用。所谓课前教学，就是要在正式教班上其他同学之前就教特殊需要学生。我们可以先给特殊需要学生讲某个概念、术语或理念，之后再给其他学生讲。例如，班上学生准备做磁铁实验，但是肯尼在处理非语言信息方面有困难，于是助理教师马尔科老师就先给他介绍一些重点的科学词汇。这样他到了实验室的时候就能理解"吸引"和"排斥"这些术语，会有心理准备，并且更加自信。同样，斯蒂芬妮有阅读障碍，化学课上老师要求背元素周期表，于是助理教师就提前教她怎么念那些元素的名称，这种方法也很有用。斯蒂芬妮不仅获得了额外的学业支持，学会了这些元素，在测验中取得了好成绩，而且在科学课上回答问题的时候也有了更多的信心。

有些学生很难学习或记住新的概念，有些学生在记忆方面有困难，还有些学生在阅读、写作或数学方面有特殊障碍，对于这些学生来说，课前教学带来的变化可以说是翻天覆地的。一位小学教师这样描述课前教学给学生带来的变化："课前教学可以把阅读变成一件快乐的事，而不再是一种折磨，数学可以变得有趣，而不再令人泄气。自信的感觉会持续很长时间，在课堂上进行下一项内容的时候那种感觉依然还在。"（Minkel, 2015）

同伴支持

同伴支持是为学生提供支持最好的方式。我们可以让学生组成学习小组或者搭伴一起学习，告诉学生，他们的任务就是互相帮助。不过，在同伴支持这方面谨慎一点还是有必要的。不要将其演变成一种“单向帮助关系”，比如索尼娅总是单方面帮助约瑟，要鼓励学生互相帮助。回忆一下学生都有哪些长处，利用这些信息，想想有没有什么时候，约瑟也能帮助索尼娅和其他同学，这样才能在班级同学之间形成平等的互助关系。

利用运动

所有人白天的时候都需要做运动。记忆某些概念或片段性的信息时，可以使用视觉线索、标志，或者结合运动。我们可以让学生自己想出一些动作，与某些单词或概念的意思匹配。例如，我（凯特）最近上了一节中学科学课，课上讲的是氨基酸是如何聚集在一起形成蛋白质的。老师解释这个过程的时候，助理教师苏珊就用动作向学生演示这个过程，先是伸出双手，悬在空中，好像两个氨基酸分子，然后拍拍手，合在一起，像是形成了蛋白质。这样做不仅可以帮助某些残障学生学习，还有利于母语非英语的学生（English Language Learners, ELLs）、通过动觉和视觉学习的学生，以及那些很难理解抽象概念的学生学习。

还有个例子，有一位在小学工作的助理教师，他让班上学生做“拼读操”。拼读单词的时候，如果字母“个子高”（如 t、l、b），学生就要站得高高的，还要把手举起来；如果字母“个子矮”（如 o、e、a），学生就要把手放在腰上；如果字母是挂着的（如 p、g、q），学生就要弯下腰摸自己的脚指头。举个例子，在拼读“stop”这个词的时候，学生要先把手放在腰上（表示 s），然后举得高高的（表示 t），再放在腰上（表示 o），最后弯下腰摸脚指头（表示 p）。这个方法之所以非常有效，就是因为这里的动作都是有意义的，能让学生记住所学内容。

针对不同内容的具体策略

策略

针对不同类型的内容和活动，也有不同的方法为学生提供支持，这些方法在不同的内容领域都有应用，下文对此进行了详细介绍。记住，您不负责设计这些支持方案——那是教师的工作，不过，您还是应该了解一下不同类型的改动，还要了解怎么充分利用这些方法帮助那些需要支持的学生。如果您想要尝试表 6.1 中的某些办法，那就与团队成员一起讨论，看看这些方法是否可能奏效。如果打算用这些方法，那就讨论一下怎么用、什么时候用、什么时候慢慢撤出辅助。

表 6.1　针对具体内容所做的改动

这个科目要学的内容	可以考虑做如下改动或提供如下合理便利
阅读 / 语言艺术	听有声书 和同学一起阅读 用单词窗辅助阅读 戴上耳机在电脑上听读 和同学一起学习，让同学总结 使用大字课本 使用闭路电视——可以放大字体的视频 把阅读材料用简单的措辞重写一遍 使用语句一再重复的阅读材料
数学	提供计算器 使用触觉数字（每个数字都对应相应的点数） 使用图表 使用数轴 使用闪卡 使用计数贴纸 使用教具（如塑料积木、计数片[①]） 对作业单进行改动，让数字更容易被识别 使用图片或者视觉辅助工具 使用大一点的塑料积木 使用带图表的纸 对齐竖式 使用有声计算器小程序 用数字骰子代替点骰子 应用题——把学生名字编到题中
体育	使用不同大小的运动器材 安静的活动（适合对噪声敏感的学生） 让学生自己选择项目 改变运动场地大小

① 译注：类似乐高那种拼插积木。

续表

这个科目要学的内容	可以考虑做如下改动或提供如下合理便利
艺术	选择不同的材料 大一点 / 小一点的材料 斜坡板 提前裁好的材料 使用模板、模具 准备工作服和有口袋的围裙 为不喜欢弄脏手的孩子准备手套 使用黏性蜡棒① 把做事的具体步骤张贴出来 改装剪刀
科学	学生亲身实践 教师演示 角色扮演 邀请嘉宾作讲座 把做事的具体步骤张贴出来
社会学	荧光记号笔或彩色胶带 以某种方式将学习内容与自己联系起来 使用视频 使用视觉辅助工具 使用地图 写一张任务卡（卡片上写上做事的具体步骤）
音乐	选择用学生母语演唱的歌曲 使用乐器 边唱边拍出节奏 可以带回家听的音乐音频 可以看的音乐视频

考斯顿–西哈瑞斯及其同事（Causton-Theoharis, 2007）针对助理教师的有效支持进行了一项教育研究，结果发现，想要让助理教师发挥改善学生表现的作用，至少要满足 5 个条件。

1. 助理教师应该提供额外指导（不是主要指导）。

2. 教案的设计应该不需要助理教师做出有关教学的重要决策。

3. 应该使用经过验证的教学方法。

---

① 译注：一种作画玩具，可弯曲、可剪裁、易粘贴、易剥离。

4. 要求助理教师实施某种教学方法前，应该对他们进行专门培训。

5. 助理教师应该接受督导和监控，以便保证教学的一致性。

上述条件都是针对不同内容应用具体策略的必要条件，如果缺少某个条件，您需与其他团队成员讨论如何满足这些条件。

针对不同内容的常见活动

有时候，负责不同内容领域的教师是不一样的，这就导致不同的教师对学生有不同的期望和要求。有些学生喜欢某些科目，在这些科目上表现得就好一些。例如，里基喜欢音乐，所以上音乐课的时候几乎不需要什么支持资源。他会自己进入音乐教室，收拾好自己的活页夹和乐器，做好上课准备。可是科学课上就不一样了，无论是走进教室还是进入状态，他都需要更多的支持才能做到，他好像不喜欢上课的教师，也不喜欢这个科目。学生在不同的课上需要的支持看起来可能完全不同，不过教师还是可以在不同的学科领域开展相似的活动。表 6.2 列出了在不同学科领域都可以开展的活动。教师每天都可以安排学生做表中的这些事情，多少都行。但是，学生不一样，在这些活动中遇到的困难可能也不一样，原因也各不相同。表 6.2 右侧列出了一些需要考虑的因素，对于能力各异的学生都会有帮助。

表 6.2　常见的活动以及可以提供的支持

要求学生进行的活动……	考虑为学生提供的支持……
安坐静听	视觉提示 在适当时候安排运动 无线调频扩音器（放大教师的声音） 地毯或垫子，让学生明白应该坐在哪里 用来标记谁在说话的物品（比如发言棒[①]） 可以坐的球 自己决定坐在哪里 让学生拿在手里或者把玩的、帮助其集中注意力的东西[②] 给出要注意听讲的信号 给学生一本老师正在念的书 话题包——装有与学习内容相关的东西 让学生负责点事（如帮助同学、在黑板上写点什么）

① 译注：可以是玩具，也可以是任何物品，拿到该物品的人才能发言，帮助学生识别自己该不该发言，应该听谁发言。

② 译注：有些有注意缺陷多动障碍的孩子手里就是要拿着东西或者动来动去才能集中注意力。

续表

要求学生进行的活动……	考虑为学生提供的支持……
口头表达	自己选择必要的支持 提词卡 视觉提示 分发讲义 录音机 视频 麦克风 幻灯片（如 PowerPoint 等） 预编程的辅助沟通设备
考试	复习考试应对策略 复习所学内容 模拟考试 双倍行距考卷 简单题在前 安排专人为学生读考卷或使用读卷器 选择题，去掉一到两个选项，降低选择难度 配对题行数太多的话，分成几小段呈现 用电脑 需要多长时间就给多长时间 灵活安排考试时间（如第一天考一部分，第二天考一部分） 口试 根据表现给出成绩 允许学生画画或者做标记 考题使用简单措辞
完成作业单	提供词库 明确要求 给文件夹贴上带答案的标签 将指令要求的重点标记出来 减少问题数量 让学生自己选择写字工具
讨论	用来标记谁在说话的物品 提词卡 同伴支持 预编程的辅助沟通设备，上面显示要问的问题 在纸上写下想法或概念 让学生自己选择以何种形式参与讨论 给学生一份同学们正在讨论的阅读材料 在阅读材料上标记重点内容——让学生读，其他学生讨论

续表

要求学生进行的活动……	考虑为学生提供的支持……
记笔记	提供讲座提纲，让学生在讲座期间补充完整图表 思维导图 教师提前做的笔记 文字处理器（如 AlphaSmart） 数字录音机或录音笔 让学生自己选择以何种方式记笔记 教师笔记的复印件 带图片的讲座笔记 其他同学的笔记的复印件或复写件 笔记本电脑
使用电脑	任务卡，提示如何开始 改装键盘 大键键盘 按字母顺序排序的键盘 放大字体 可编程的特制键盘（如 IntelliKeys） 延迟鼠标反应时间 屏幕阅读器 触摸屏 让学生自己选择要做什么
读课文	有声书 电子书 大字文本 荧光记号笔 齐声朗读 课文背景信息 列出要点 便利贴，把问题写在上面 适合学生的书（即“阅读难度刚刚好的书”） 玩偶 阅读灯 让学生自己选择读什么
整理东西，提高条理性	不同颜色标记的活页夹 计划本（或者用于制订计划的应用程序） 把日程安排写在黑板上 把作业要求写在黑板的固定位置上

续表

要求学生进行的活动……	考虑为学生提供的支持……
整理东西，提高条理性	已经打了三个孔的作业单[①] 用图片做的日程表 线上日历 负责督促学生的同伴 便利贴，写上要做的事情，贴在课桌上 作业夹 检查课桌 课桌上放闹钟或计时器 口述活动日程安排 学习或生活规律尽量保持不变
写字	写之前可以告诉朋友自己写的是什么 小组讨论 思维导图 记要点 用打字代替手写 学生可以说给成年人或同学听，让他们写出来 老师在一张单独的纸上写上单词，再让学生描红 可以贴在空白处的便利贴 可以用画画代替写字 带有凸起横格的纸——学生能够感觉到凸起的横线

活动：为学生提供支持

活动

看看表 6.2，哪些支持是您已经为学生提供的，用星号标记出来，哪些是您觉得可能会让学生获益的，用重点号标记出来。

辅助技术

辅助技术指的是可以帮助残障人士实现功能的任何一种技术，如果没有这些技术，他们可能很难实现或根本不可能实现这些功能。辅助技术的正式定义如下：

① 译注：方便放入活页夹。

定义

特殊教育辅助技术指的是使儿童从特殊教育或相关服务中获益，或者使儿童在最少受限制环境中接受教育所必需的任何设备或服务（IDEA 2004, 34 C.F.R. § 300.308）。

根据2004修订的《残疾人教育促进法》，辅助技术设备这个术语指的是"无论是现成售卖的，还是改制或定制的，用于提高、维持或改善残障儿童实现正常功能的任何物品、设备或产品系统（20 U.S.C.§1401 [a][25]）"。

辅助技术服务这一术语指的是直接帮助残障儿童选择、获取或使用辅助技术设备的服务，包括以下服务项目：

- 对残障儿童的需求进行评估，包括对儿童在其所习惯的环境中的功能水平进行评估；
- 购买、租赁或以其他方式为残障儿童提供辅助技术设备；
- 选择、设计、安装、定制、调整、应用、维护、修理或更换辅助技术设备；
- 协调和使用其他疗法、干预措施或者利用辅助技术设备的服务，如与现有教育、康复计划或项目相关的服务；
- 为残障儿童提供培训或技术援助，如有需要，为残障儿童的家庭提供培训或技术援助；
- 为专业人士（包括为残障儿童提供教育或康复服务的个人）、其他为残障人士提供服务的个人、雇佣残障人士或与残障人士主要生活功能密切相关的个人提供培训或技术援助。（20 U.S.C. § 1401 [a][26]）

辅助技术包括移动辅助设备（如助行器或轮椅）、软件、特制大键键盘、让失明学生也能使用电脑的软件或者让失聪学生也能听到老师声音的声音放大设备。写字需要精细运动技能，在这方面有困难的学生可以使用平板电脑，在沟通方面有困难的学生可以使用有文本转语音功能的设备。如果您的学生使用某种辅助设备，您就应该尽可能多地了解这种设备技术。如果可能的话，可以向与您共事的特殊教育教师或者您所在学区的特殊教育主任申请针对该设备技术接受专门的培训，以便可以帮助学生使用该设备，向其中输入相关内容，或者在必要时对其进行修复。

不是所有的辅助技术都必须是高技术的。事实上，正如前面提到的，学生也许只需要换一种书写工具或换一张不同大小的纸，就能成功完成任务了。给您出个难题，想想办公室里有什么东西可以用来给学生提供支持。例如，如果学生喜欢在豆袋沙发上写字，那么用带夹子的写字板就可以为他提供支持。有些学生在精细运动技能方面有困难，那么就可以用回形针把重要的文件都别在一起。有些学生写字的时候很难用另一只手辅助，那么就可以使用胶带固定纸张。表 6.3 给出了一些辅助技术的例子，按照技术含量从低到高排列，都可以用来在课堂上为残障儿童和普通儿童提供支持。

表 6.3　辅助技术

类型	实例或功能
没有技术含量 / 技术含量低	
日历	规划任务或者跟踪任务进展
感官输入物品（如指尖玩具）	自我调控，集中精力
放大镜	放大文本或图片
技术含量适中	
有声书	听书
计算器	完成数学题
数字录音机	录制课程或者记录学生回答之后听写
技术含量高	
屏幕阅读器	通过语音或触摸使用屏幕
声音识别软件	不必打字，也不必使用键盘
文本转语音软件	辅助沟通或把印刷材料变成语音
单词提示程序	能够预测学生将在电脑上写什么或在电话里说什么的程序

便利贴的 21 种用法

我们认识的一位助理教师每天都在便利贴上给学生写一句鼓励的话，让学生带回家和奶奶一起看。写这些小便条的目的就是只给学生正面评价，让学生感觉自己在校表现很好。便利贴的用法实在是花样繁多、层出不穷。

活动：利用办公用品为学生提供支持

活动

在脑子里想一件日常办公用品，或者把它拿在手上。想想怎么利用这件东西为学生提供支持，想出 10 种用法。例如，怎么利用文件夹标签、剪刀或闪光胶为学生提供支持，给每件东西都想出 10 种用法。我们就以简单的便利贴为例，为您介绍怎么完成这个活动。除此之外，我们还想出了 21 种使用便利贴的方法——就为了好玩。全部用法请看图 6.2。

便利贴的 21 种用法

1. 记录个人日程安排。
2. 记录待办事项。
3. 给学生写一句鼓励的话，随身携带。
4. 标记页码。
5. 写上阅读指南。
6. 标记重点段落。
7. 贴在指示说明下面。
8. 贴在学生看的书上，上面写好给学生准备的问题。
9. 写上行为规范作为提醒。
10. 记录举手次数（每次学生举手回答问题都记录下来）。
11. 遮挡作业单上的某些地方。
12. 提供词库，用来提示用词（这样学生就不用自己想应该用什么词了，从词库里选词就行）。
13. 有些学生总有话说，嘟嘟囔囔说个不停——让他们把问题写在便利贴上，然后从中挑一两个回答。
14. 想到什么随时记下来。
15. 让学生就同学的大作业或论文给出反馈。
16. 标记图表中的重点部分。
17. 做个配对游戏。
18. 给学生分组。
19. 让学生写下问题或意见，然后交给老师，作为离校出门条。
20. 向同学提问，比如“你想和我一起吃午饭吗？”
21. 总结一节课、一个故事或一项活动的主题。

图 6.2 便利贴的 21 种用法

有关学业支持，最常见的问题

常见问题

问：有一次我教学生的时候，这名学生对我说：“走开！”但我不能就让他自己在那干坐着，我该怎么办呢？

答：耐心听听学生的想法。如果学生要求你不要教他，那就暂时不要为他提供辅助。仔细想想有什么办法既不靠他太近，又可以为他提供辅助。

问：每次听到指令的时候，学生就会喊我，让我过去帮忙。我想慢慢撤出辅助，但是没有我在身边，这名学生就什么都不做。我该怎么办呢？

答：这名学生已经太依赖成年人的辅助了。我们建议您跟这名学生聊聊，告诉他应该尝试自己做事，或者请同学帮忙。鼓励班上的学生互相帮助。除此之外，一定要让团队成员都参与进来，讨论看看有什么办法提高学生的独立性。采用这些办法的时候，要让学生感觉自己是因为能力提高了所以才会独立做事，而不是因为不够独立而受到惩罚。试试分组的时候让学生担任不同的角色，一个人负责提问，另一个人可以负责回答同桌可能提出的任何问题。

问：我真的很难理解这节课的内容。我该怎么办呢？

答：首先，与上课老师或团队负责人合作，以便更好地理解内容。尽量领先学生一步。把材料带回家研究或学习。举个例子吧，我（凯特）有一次就在一节大学预科化学课上为一位孤独症学生提供支持，我倒不一定要成为化学领域的专家，不过掌握一些基础知识会有帮助。但是，作为助理教师，您的任务是为学生提供支持，帮他获得学习课程内容的机会，而不是教授课程内容。如果学生很难理解某些概念或观点，您可以向普通教育教师求助。

问：我真的是孤立无援，只能自己琢磨应该怎么为我的学生提供支持。我从老师那里几乎得不到任何指导，我该怎么办呢？

答：遗憾的是，这确实是一个普遍问题，而且是主要问题。首先，您应该留出时间和指导您工作的老师沟通。把想问的问题都列出来，准备好。回头看看第四章的内容，对您与老师的沟通会有帮助。寻求您做好工作所需的支持。下面这些问题可以帮您进入正题：

- 能不能给我一份书面计划？这样我就可以根据这份计划安排这一天的工作。
- 学生觉得焦虑、离开自己的课桌或者（　　　　　　　　　　）的时候，我该怎么办呢？您能不能给我一些具体建议？

- 我辅助学生学习数学的时候，您能不能给我一个大纲，让我知道应该怎么做呢？
- 可不可以让我跟您一天，让我更清楚自己应该做些什么。

和老师见面时，谈话要具体，提问题要直接。如果您没有得到自己想要的答案，还是不知道应该如何为学生提供有效的支持，那就考虑去找别人（如特殊教育主任、校长），让他们知道您需要更多的支持。最重要的是，按照法律规定，您必须接受有资格认证的教师的指导和监督，所以保证这件事落到实处的责任可能在您。

本章小结

作为一名助理教师，您不能决定需要做出哪些改动或者调整，也不能决定使用哪些辅助技术或数据收集程序。不过，熟悉各种各样的支持形式还是很有帮助的。在学习期间，为学生提供支持的时候，小心谨慎是至关重要的。教育团队成员要抽出时间开会讨论，为了让学生能够学习某些科目或进行某些活动，应该提供何种类型的支持，还要讨论如何慢慢撤出辅助、如何根据不同的课程内容对教学材料和教学过程做出调整，这种讨论非常值得。有意思的是，在团队为了某些学生做出这些改变之后，针对所有学生的整体教学质量往往都得到了提高。本章的重点是如何通过各种各样的形式为学生提供学业支持，下一章的重点是社交支持策略。

待办事项

待办事项

看完这一章后……

- 完成本章活动和反思两个部分的要求。
- 如果您觉得这里有些内容是您没见过的，请重点标注出来、反复思考，甚至邀请同事和您就这些内容展开讨论。
- 仔细查看每一位学生的个别化教育计划，了解为了满足他们的需求需要提供哪些合理便利、做出哪些适当改动。
- 不管有什么新想法，都和其他的教育团队成员谈谈。
- 再看一遍表 6.1 和表 6.2，这两个表让您有了哪些新想法呢？
- 完成那个办公用品大挑战的任务。

第七章　提供社交支持

赛斯独自坐在午餐桌旁。五分钟后，几个学生坐到了同一张桌子旁。他们和赛斯之间的距离清楚地表明，他们和他是各坐各的。赛斯静静地吃着午餐，细嚼慢咽地吃完以后，他就慢慢收拾东西。他看了看那些学生。他们正在说着自己的足球队。整个午餐期间没有人跟赛斯说哪怕一个字，赛斯也一直没和任何人说话。他把头埋在胳膊上，研究着运动衫上的线头儿，直到午餐时间结束的铃声响起，他站起来，走向朱迪，那是要陪他去上下一节课的助理教师。

人们感到有人看到、听到自己，感到有人重视自己的时候，才会释放出能量，能量互相吸引，就形成了彼此之间的联系。

——布琳·布朗

（Brené Brown）

每个学校、许多教室里都有像赛斯这样的孩子。通常，有残障的学生或者接受助理教师支持的学生在社交方面会遭到严重的孤立。但是，不可否认的是，残障学生——甚至是那些接受助理教师支持的学生——也可以拥有丰富的社交生活，也能交到很多朋友，跟很多人建立社交关系。本章旨在帮助像赛斯这样接受助理教师支持的学生，改善他们的社会生活。具体来说，本章主要内容包括：（1）友谊的重要性；（2）“贴身服务”现象；（3）如何不着痕迹、温和亲切地为学生提供支持；（4）如何自然而然地为学生提供支持；（5）如何发挥助理教师的桥梁作用；（6）如何在非结构化活动期间为学生提供支持；（7）如何在结构化活动期间为学生提供支持；（8）如何帮助学生学习社交互动的规则；（9）回答常见问题。

友谊的重要性

想想自己的生活，友谊在您的生活中有多重要？朋友让您的生活里多了什么？

对所有人来说，朋友都关乎着生活的质量。朋友让我们有联系、有关爱，让我们的生活多了乐趣。朋友和我们一起开心，朋友是我们的旅伴，朋友是我们的参谋，帮助我们应对生活的考验，朋友和我们一起分享快乐和成功。朋友给我们支持，我们反过来也给朋友支持。作为本书作者的我们也一直都很依赖朋友——即便在学校的时候也是如此。回想起自己的学校经历，朋友就是最重要的记忆之一。（斗胆说一句，在学校里，见到朋友比上社会学课或做化学实验更让人兴奋，是不是？）同样，在每一位学生的生活中，友谊和关系都是一个重要的组成部分。本章将重点讨论助理教师应该如何促进学生与同学之间的关系，如何把大家聚到一起，而不是妨碍学生的社交互动。

> 人是群居动物。我们只有在受到他人伤害时才会把自己封闭起来，一个人独处并不是我们的自然状态。
>
> (Wheatley, 2002, p. 19).

反思

想象一下，如果有个人的工作就是每周 5 天，每天 8 小时跟着您，那会是什么样子？

- 您的人际关系会发生怎样的变化？
- 您会不会发现自己没有隐私、没有自由，也没法发展亲密关系？
- 您的朋友和同事会怎么看待这项安排？
- 您觉得他们会围着您还是会躲着您？

现在，站在学生的角度想象一下。您的存在会对您负责支持的学生产生什么影响？

助理教师适当保持距离，帮助学生提高独立性

有时候，助理教师就像一块磁铁。其他学生（尤其是低年级学生）都想和成年人交流互动。然而，很多研究表明，助理教师提供支持这种做法的效果并不理想——具体来说，就是助理教师会妨碍学生发展同伴关系和友谊。詹格雷科是一位教育研究人员，专门研究助理教师如何提供有效支持，他和同事埃德尔曼、路易塞利、麦克法兰（Giangreco, Edelman, Luiselli & MacFarland, 1997）已经发现，助理教师坐在残障学生身边为其提供支持（或者与学生距离很近）可能会对其产生负面影响。

普通教育教师的主人翁意识和责任感

在前面提到的研究中，很多教师都会认为自己班上的残障学生应该由助理教师负责，而不是由自己负责。这也意味着这些教师与残障学生很少互动，这些学生的教育主要由助理教师负责。

研究样本中，大多数任课教师在描述自己的工作职责时，都没有包括负责教育安置在自己班上的残障学生。有教育团队成员提到，助理教师离学生很近，方便照顾学生，这就让那些专业人员想当然地认为他们无须操心安置在普通教育课堂的残障学生，对这些学生也就没有主人翁意识。

与同学产生距离

我们经常注意到助理教师在活动期间或活动转换期间将自己负责支持的学生与其他学生分开，即使这些活动是残障学生可以参加的，甚至是非常适合残障学生的。例如，要求学生分组进行科学实验的时候，三名残障学生却被助理教师带到旁边的小教室写作业。但是，如果这三名学生能有机会亲手做做实验、通过触觉学习、得到同伴支持，将会受益匪浅。

过分依赖成年人

上面的研究还观察到，样本中的助理教师事无巨细都要提示学生，而不是慢慢撤出直接提示，让位给更自然的支持形式，比如来自同伴、老师的支持，还有材料本身给出的提示。于是，学生就会越来越依赖助理教师及其提示。例如，上大班课学认字的时候，一名学生的助理教师坐到了教室的后排，但是这名学生却不断回头看助理教师在不在，最后还是离开了集体，去找助理教师，还坐在了助理教师腿上。

失去个人掌控感

研究发现，由于助理教师在很多事情上经常替学生做决定，而不是和学生一起做决定，比起那些没有成年人全天候支持的普通学生，残障学生会更容易失去个人掌控感。

影响同伴互动

在这项研究中，很多教师都认为助理教师妨碍了学生与同学互动。例如，有些学生不会主动与有助理教师的学生一起合作，因为他们觉得这名学生和助理教师是一体的。普通学生与接受助理教师支持的学生一起合作的时候，常常可以看到助理教师主导了互动过程，剥夺了同伴互动与合作的机会。其他研究也发现，课堂上有些同伴互动本来是自然而然发生的，但如果助理教师过于贴近自己负责支持的学生，就会妨碍这种互动的发生（Malmgren & Causton-Theoharis, 2006）。

学生感到难堪，可能也是一个影响因素。詹格雷科及其同事（Giangreco, Broer, Doyle & Giangreco, 2005）还进行过一项针对助理教师支持的研究，有位学生提到自己有时会因为有助理教师而感到难堪，因为他觉得助理教师好像妈妈一样在身边跟着。

> 我有点难堪，因为我好像一直有个妈妈待在那儿。大家好像都在看着我们说："你怎么总是和这个比你大两倍的人在一起？"（p. 420）

尽管助理教师是为了增加学生的学习机会才经常待在学生身边为其提供支持，但是对于那个感到难堪的学生来说，这种支持会变成负面的体验。让学生直接坐在特殊教育教师旁边（几乎是拴在一起），这种安排可以称为"贴身服务"（velcro）。助理教师要避免为学生提供"贴身服务"，这是很重要的。"贴身服务"可能包括拉着学生的手，走在学生旁边，坐在学生旁边，让学生坐在自己腿上，在走廊里一起走等。其实，不必如此近距离地接触，也可以为学生提供支持，本章就此提出了一些建议，详情参见本章"不着痕迹地支持学生的5种方式"和"促进人际关系的6种方式"。

"贴身服务"现象

在一项针对助理教师课堂支持的研究中（Malmgren & Causton-Theoharis, 2006），研究人员观察了一位名叫加里的二年级学生在教室里学习以及和朋友们一起玩耍的情况。在学校，全天都有一名助理教师为他提供支持。在4周的时间里，加里只与同学进行了32次互动，其中29次互动是在助理教师缺席的那天发生的。助理教师和他在一起的时候，加里和同学只有3次互动，在这仅有的3次互动中，还有2次互动因为助理教师让他回去学习而中断了。很显然，助理教师的存在极大地影响了加里与其他学生互动的能力或意愿。

那么孩子们对有助理教师这件事是怎么想的呢？还有一项重要研究调查了残障高中生的想法，这些学生都在助理教师的支持下参与普通教育课堂的学习。在这些学生的描述中，助理教师扮演的角色主要分为以下四种：(1) 妈妈；(2) 朋友；(3) 保护人；(4) 小学老师 (Broer et al.，2005)。在接受调查的学生中，绝大多数学生进一步“强烈表达了自身的感受，他们觉得自己的权利被剥夺了，觉得难堪、孤独、恐惧、耻辱，觉得自己被孤立、被排斥”(Broer et al., 2005, p. 427)。助理教师是负责教育这些学生的，但是这些学生反倒可以让他们学到很多东西。助理教师不妨听听他们的声音，听听其他学生的声音，这样才能为他们提供支持而不是使其感到耻辱，才能帮助他们交到朋友，在学校体验到社交成就感。

隐身在众目睽睽之下：不着痕迹、温柔尊重地支持

我觉得自己给伊恩最大的帮助就是给他空间，让他自己做更多的事情，而我只在需要的时候才会介入。如果我一直待在他身边，他就不会取得现在的成绩。

——简（中学助理教师）

到这里，我们才开始谈到助理教师提供支持的“艺术”。助理教师想要提供优质的支持，需要大量的技巧，还需要不着痕迹、举重若轻。这种工作需要讲究细节、谨慎操作，而且有时还需要“无为”。杰米·伯克 (Jamie Burke) 是一位高中生，有孤独症，他曾谈到成年人的支持以及这种支持对其社交互动的影响，他强调，他得到的支持应该是不着痕迹的，这样才不会干扰他对社交生活的渴望。他说：“我们愿意和其他孩子互动，也时刻准备好与他们互动，成人们必须悄悄地潜入幕后，把他们的帮助伪装成一只隐身在众目睽睽之下的老虎。”(Tashie, Shapiro-Barnard, & Rossetti, 2006, p. 185)

不着痕迹地支持学生的 5 种方式

随着学生的成长，他们需要走向独立。以自然的方式为学生提供支持，有助于减少他们对工作人员的依赖。考斯顿－西哈瑞斯和马尔姆格伦 (Causton-Theoharis & Malmgren, 2005) 提出了一些建议，可以帮助您最大限度地提高学生的独立性，让他们尽可能与同龄人互相帮助，同时最大限度地减少学生对成年人的依赖。

1. 与学生保持距离

时刻注意您与自己负责支持的学生之间的距离。不要坐在学生旁边，更不要在学生旁边专门备一把椅子。在教学过程中，您的位置是非常重要的。几乎没有什么必须直接坐在学生旁边的理由，即便学生因为行为或身体原因需要近距离的支持，也不一定需要您全天候地坐在他身边。永远不要在学生旁边为助理教师保留一个永久的位置。把学生旁边的空椅子挪开。不要让学生坐在您的腿上或者拉着您的手，除非这种做法在学生中很普遍（如在幼儿园里）。如果您觉得在某所学校或教室里，您应该坐在某个学生旁边，那就跟团队成员就下列问题展开讨论：

- 什么时候绝对有必要坐在学生旁边提供一对一的支持？（举例来说，提供医疗辅助或搬运 / 转移学生的时候、辅助学生抄写的时候，就有必要提供这种类型的支持。）
- 一天中有没有什么时候可以减少给学生的支持？如果有，都是什么时候？
- 什么时候可以帮助这名学生提高独立性？怎么帮助？
- 什么时候应该离这名学生远点？
- 同学能否为这名学生提供关键性的支持？

2. 不要带走学生

友谊和关系的基础是长期的共同经历。学生每次离开融合教室的时候，就损失了与其他学生互动、社交、一起学习、向同学学习的时间。如果学生因为感觉超负荷需要离开教室休息一会儿，可以考虑把隔绝感觉信息的材料放到教室里。如果学生因为问题行为需要离开，想想能不能找到什么办法，尽量让学生留在教室（想要了解如何为出现问题行为的学生提供支持，请参见第八章）。

3. 鼓励同伴支持

如果学生向您求助，鼓励他先向同学求助，并把先寻求同伴支持的做法变成所有学生都要遵守的规则。要把这种做法推广开来，一个有效方法就是让所有学生都遵守“问了三位同学（没有解决）再问老师”这一规则。在教学期间让学生两两结对，一起做事，玩的时候一起玩，课间活动的时候一起走（上课和下课都一起走），做选择的时候一起选，吃饭的时候一起吃，学数学的时候一起学等。要保证让您负责支持的学生自己选择想要的小伙伴。让学生学会寻求同伴支持，这是一项重要的技能，可以让他受益终生。

如果其他学生向您提出了一个问题或发表了什么看法，这个问题或看法与您负责支持的学生有关，不要亲自回答这位同学，而是趁机发起一场对话，这样这名同学就可以和您负责支持的学生直接对话了。例如，您和您负责支持的学生迟到了，有位同学走过来对您说："我们正在用思维导图画 Kid City[①] 呢。"您就可以这样回答："太好了，你能不能帮着泰勒赶上你们的进度？"说完之后就退后一步。

4. 鼓励独立和互相帮助

如果您在场的时候，学生能够在没有成年人支持的情况下完成任务，那么下次就让他在没有监督的情况下完成任务。例如，安德烈娅很难把自己的餐盘端到餐桌上，于是助理教师就一直替她把餐盘端到餐桌上。助理教师很快就发现问题出在餐盘和饮料的重量上。于是，助理教师把饮料从餐盘上拿了下来，安德烈娅就能自己把餐盘端到餐桌上了。后来，安德烈娅决定跑两趟（一次端餐盘，一次拿饮料），不需要助理教师的帮助。

不要忘了问自己，下一步要做什么才能让学生减少对成年人支持的依赖，变得更加独立。如果学生仍然需要帮助，可以考虑将同学之间互相帮助——也就是与其他学生一起成功完成任务——作为目标。前面提到的那个例子里，一个学年快过去了，有时候安德烈娅的朋友威尔也会帮她拿饮料。于是，她不再需要成年人的支持，只要有朋友帮忙她就可以端着餐盘走到桌前了。如何提高独立性、提倡互相帮助，第八章还将就此给出更多建议。

5. 慢慢撤出提示

想要增加同伴互动，最简单、最有效的办法就是助理教师慢慢撤出辅助。慢慢撤出辅助，意味着有计划地减少为学生提供的支持，无论是种类还是力度，都要逐渐减少。减少支持可以提高学生的独立性，促进学生互相帮助，增加同学之间的互动。请看表 7.1 中的支持类型列表。表中支持类型是从最显眼的支持（表格中最上面的支持形式）到最不显眼的支持（表格中最下面的支持形式）（Doyle, 2008）。如何慢慢撤出提示和支持，第九章还将就此给出更多建议和工具。

要让需要支持的学生觉得自己和其他人一样，首先就要提供自然或不显眼的支

---

① 译注：Kid City，游戏名称。

持，这一点非常重要。接下来，帮助学生建立连接，就要成为连接学生和其他同学的桥梁，这样才能协助他们发展关系，辅助他们进行积极的社交互动。

表 7.1　支持类型

支持类型（按干扰程度从高到低排列）	定义	实例
全肢体支持	用于为学生提供支持的直接肢体辅助	学生写自己名字的时候提供手把手的辅助
部分肢体支持	学生为了参与活动必须完成一些动作，为了帮助其完成其中一部分动作而提供的肢体辅助	把拉链对齐，向上拉一点点；之后学生自己把拉链拉上去
示范	给学生演示应该怎么做	助理教师做一份艺术作业，学生模仿着做
直接口语支持	直接提供给学生的口头信息	“乔希，站起来。”
间接口语支持	口头提醒，用于提示学生注意或思考教师期望的内容	“乔希，接下来该怎么办？”
手势支持	用于传递或强调提示信息的肢体动作（如点头、竖起大拇指、用手指点）	助理教师指向写在黑板上的日程表
自然支持	不提供提示，让学生通过环境中已有的一般性提示判断自己应该怎么做	上课铃响了，老师告诉学生到地毯那边去。黑板上写着：翻到第 74 页

来源：Doyle (2008).

您是残障学生和同学之间的桥梁

作为助理教师，您处在一个非常特别的位置，可以成为连接学生的桥梁。您可以融入他们中间，提供更自然的支持，协助他们发展关系，这是普通教育教师和特殊教育教师做不到的。

促进人际关系的 6 种方式

接下来将会介绍 6 种方式，帮助学生互相联系、建立长期的友谊。下列建议改编自考斯顿-西哈瑞斯和马尔姆格伦（Causton-Theoharis & Malmgren, 2005）的文章，文章主题是如何帮助残障学生与同学互动。

1. 强调学生之间的相似点

在普通教室里，学生们不断地谈论和分享与课程无关的事情（如爱好、课外活动等）。助理教师应注意残障学生周围同学的对话，指出他和这些同学的相似点。例如，周围学生正在讨论棒球时，您就可以说："哦，乔希也喜欢棒球。"或者，学生在图书馆选好了书，您可以就这些书之间的相似之处说："你们两个都选择了有关计算机的书，你们可以坐一起，对照一下这两本书。"

2. 帮助学生邀请其他同学进行社交活动

有些学生非常渴望社交，但不知道如何接近其他学生。学校里发生的事，只要是可能有助于学生社交的，助理教师都要积极把握，这样做是很有帮助的。提前想想有没有社交机会，问问学生："今天课间你想和谁一起玩啊？""你要怎么问他呢？""在自习室里，你想坐在谁的旁边？"

如果学生没有语言，那就给他一沓班级学生的照片，或者在他能用的平板电脑或笔记本电脑上下载一个带着同学照片的班级名单。一定要保证学生的辅助沟通设备已经设置好了，可以用来邀请朋友和他一起参加活动。您还可以使用技术含量较低的支持形式，如做一张提示卡，上面写着："你想和我一起玩吗？"或者"你愿意跟我结伴吗？"在这种情况下都很有用。重要的是要给学生机会自己做决定，自主选择他们想要的伙伴。

3. 提供社会性的行为支持

因为学生做得好而对其予以奖励时，要让这种奖励具有社会性。这样一来，所有相关的人都会觉得这种奖励很有意思，还有一个好处，就是得到奖励的学生还能在这个过程中学习和练习社交互动。以下就是这种社会性行为支持的具体例子：

- 鼓励学生和朋友一起打篮球。
- 鼓励学生与朋友共进午餐。
- 鼓励学生自习的时候和朋友一起制作串珠项链。
- 鼓励学生和朋友一起玩电脑游戏。
- 鼓励学生和朋友一起去图书馆读书。
- 鼓励学生上课前和朋友一起做一个艺术品。

4. 让学生负责需要互动与合作并且能发挥其长处的事情

在课堂和学校，老师经常让学生负责一些事情。这样做是为了让学生为班集体做出贡献，增加归属感。创造机会让学生合作完成这些任务，助理教师应该在其中起到关键作用。例如，对课堂任务做出一些改动，这样学生就可以和朋友一起完成所有的任务。课堂上有些事需要做的时候，让学生帮着一起做，“苏、乔利安，你们能把这些纸发下去吗？”您还可以和老师一起制作一个“专家榜”，让学生们在上面列出他们的长处，说明他们可以如何帮助班集体（如提供拼写、数学、整理、技术方面的支持，提供情感方面的支持——加油鼓劲）。一定要保证让学生得到表现机会。

5. 帮助其他学生了解和理解

同学之间有些信息是必须互相了解的，这样才更有可能产生互动。助理教师要诚实回答学生们的问题。有一次，我（朱莉）听到一个小女孩指着另一个学生的无线调频扩音设备问助理教师：“他为什么要把那个东西戴在头上？”助理教师说：“这是他的私事，你该回去继续学习了。”这个小女孩就回去学习了，但是这个重要的问题却没有得到回答。在她的心中，这个话题就是不能碰的，她可能会觉得调频系统是个犯忌讳的话题，这不是我们想要的结果。当然，您不应该把残障学生的私密信息告诉他的同学。但是，有的时候，告诉同学们这个学生的基本信息或者他接受的是什么样的支持，对其他学生可能有帮助。如果您不确定是否要分享这些信息，那就征求学生本人、特殊教育服务协调员的意见。面对这些问题，还有一种更主动的方式，有些教育团队就曾经组织班级同学展开讨论——是什么让我们彼此不同，该怎样为这些不同喝彩。例如，有个中学班级的学生们就把让他们与众不同的事情全都列了出来，然后贴到了公告栏里。有些学生写的是：“我和奶奶住在一起”或“我会说两种语言”。还有一个学生写的是：“我懂手语”。教师可以利用这种类型的信息解释特殊需要学生的某些行为表现或者他所需要的合理便利或特殊照顾。有关如何帮助某些学生、什么时候可以帮助他们（如不要像对待小宝宝那样和他们说话，一定要提前问好他们是否需要帮助），助理教师也可以把这些信息告诉其他同学。开始这种类型的讨论之前，一定要保证学生本人对这个计划不会感到不舒服，并让各方都参与进来，确定哪些信息是学生想让别人知道的。

6. 别挡道！

学生开始对话之后，要给他们空间，这样自然的对话才能发生，最终，一段关系才有可能得以发展。想想自己应该站在哪里，尽量不要打扰到学生。助理教师在慢慢撤出辅助的过程中，会犯一个常见的错误，那就是站在离学生一米左右的地方，眼睛还盯着学生。如果您仍旧站在学生附近，周围的每个人都会清楚地看到，这就在您支持的学生和其他学生之间制造了无形的障碍。慢慢撤出辅助的时候，可以离远一点，把注意力集中到别的事情上。可以和其他学生适当互动，以其他形式为班集体提供支持。

在非结构化活动中提供支持

在学校的时候，从早到晚都有社交互动。为学生提供支持，帮助他们互相交流，非结构化活动期间是很重要的时机。接下来我们就这些重要时机列出了一些例子，并给出了一些有用的建议。

上学前、放学后

学生在上学、放学路上花的时间不少，这是促进社交互动的最佳时机。在上学前和放学后的时间里，帮学生找个同行伙伴，或者找个住在附近的人，陪学生步行上学或一起乘坐公共汽车。鼓励学生参加活动，加入学校和社区的团体。俱乐部活动、体育赛事及社区项目都是绝佳的机会，能让学生与他人交流、结识新朋友，通过共同的兴趣和经历与他人建立联系。这种方式同时也给了其他同学一个机会，让他们在课堂之外从不同的角度看到这些特殊需要学生的表现。例如，特里纳是一名高中新生，她很害羞，感觉自己在学校很难融入集体，后来她参加了青年小组，她在那里感觉很自在，也很自信。她的助理教师鼓励她向同学们介绍这个青年小组，重点介绍他们一起做了哪些有趣的活动，比如唱卡拉 ok、创作歌曲、摄影，还举办了电子游戏之夜。同学们非常感兴趣，有两个女孩还决定和特里纳一起参加一周的课程。三年后，特里纳和那两个女孩成了亲密的朋友，她们还一起参加了毕业舞会。

走廊上

课间，学生在走廊活动的时候助理教师可以找个同学陪他。我们认识的一位助理教师让自己的学生在上下课的路上边走边跟同学聊天。每位学生都会收到一张提示卡，上面写着一句话，是从全班正在看的一本书里引用的，学生必须围绕着自己卡片上的引文聊天。或者，助理教师还可以给每位学生一个数字，让学生根据自己和同伴手里的数字想出数学算式，越多越好。还有一位助理教师负责支持一位名叫萨曼莎的学生，萨曼莎坐轮椅，助理教师就让一名学生推着轮椅，另一名学生在旁边走。这让萨曼莎有了离开成年人的空间，也有了和同龄人交谈的机会。如果学生不会口头交流，只能使用辅助沟通设备，那就帮他设置这个设备，输入一些闲聊用的常用短语，如“过得怎么样”。这样，学生在走廊活动的时候就可以发起互动。

午餐时

不要让所有残障学生都坐在同一张桌子边。要帮学生选个让他们觉得最舒服的地方，同时，这个地方还要有助于他们与同龄人互动。有些学校还会把学生的兴趣（如社交媒体 / 短视频平台、棋牌、游戏、雨林动物等）印在三角形桌牌上，方便学生根据兴趣分桌。学生可以坐在自己感兴趣的那桌自由谈论他们喜欢的话题。还有些学校有“午餐会”。有些学生在午餐时间很难开展社交互动，组织午餐会可以帮助这些学生，是非常有用的办法。午餐会指的是在午餐时间为了某个特定的目的把学生召集起来（如计划年终野餐、制作班级年鉴）。所有学生（不只是残障学生）都可以参加。为了完成这个任务学校可以每周举行一次午餐会，到了年底，还有可能会举办一个比萨派对庆祝做出的成绩。其目的是将学生聚在一起，在这种情境中，彼此的关系更加亲密，可以促进社交互动，有助于建立友谊。午餐时间还可以播放音乐，营造轻松的氛围。有一所学校的助理教师就采取了这种策略，因为她负责支持的一位名叫乔纳的学生有孤独症，他觉得吃午餐时那种嘈杂环境让他的感觉超负荷，实在是难以忍受。助理教师问乔纳想放什么样的音乐，然后开始在餐厅放披头士的音乐，这种做法为所有学生提供了一个轻松的氛围。最棒的是，这样做以后，乔纳每周都有几天可以待在餐厅里和其他学生交流。

自由活动

帮助学生选择他们想做的活动，再帮他们选择想和哪些同学一起参加活动。对于高中学生来说，坐在哪里非常重要。问问学生喜欢坐在哪里，尊重他们的选择，这样学生就能自己选择坐在哪里。在课间休息时间，或者任何的课外休息时间，都可以给学生安排一个他们特别感兴趣的活动。例如，有位一年级学生，名叫切尔茜，她很喜欢在家里做串珠项链。助理教师就把装珠子的包带到教室，告诉学生们大家都可以用这个包。她把包放在切尔茜的桌子上，让她负责管理。课间的时候，四个女孩和两个男孩围着切尔茜和装珠子的包坐成了一个半圆形，他们都在做项链。

这种做法在中学好像不大行得通，但实际上，在初中和高中的课余时间，帮助学生互相联络的办法更多。例如，亚历克斯是一名高中生，他很擅长与比他小的学生互动，但却很难与同龄同学交流。于是，助理教师建议他加入“读书伙伴”项目，这个项目是让高中生在课余时间到本学区的小学给小学生读书。在接下来的几个月里，亚历克斯在“读书伙伴”项目中获得了很大的成就感，不仅如此，他还和同样加入这个项目的一位同龄人成了朋友。

选择搭档

我们为学生提供课堂支持很长时间了，有些学生——绝大多数学生——最不喜欢听到的四个字就是“两人一组”。学生七嘴八舌地找搭档的时候，肯定有人会被剩下，找不到搭档是不可避免的。这种情况下，不要自己当学生的搭档，应该帮学生找个朋友。不过，为了拿出一个更持久的解决方案，让所有学生都有归属感，还有很多有效的融合策略可用。例如，有位名叫科里的助理教师非常细心，她发现自己负责支持的学生凯莱布每次找搭档的时候都感觉非常糟糕，以至于他都不愿参加这个活动了，屡次在数学课上看到同样的场景让科里感到很难过。于是，科里与数学老师合作，想出了一个办法，可以让学生每次都能找到搭档，这样的话，这种情况就不会再发生了。她在网上找了一个“时钟搭档”游戏的图（见图 7.1），在老师的帮助下，让所有学生都按时间登记好自己选择的搭档，这样接下来一整年学生都可以有提前选好的搭档了。从那时起，凯莱布听到老师说“去找你 4 点钟的搭档”，就很清楚地知道自己的搭档应该是谁，就能去参加数学中心的活动了。

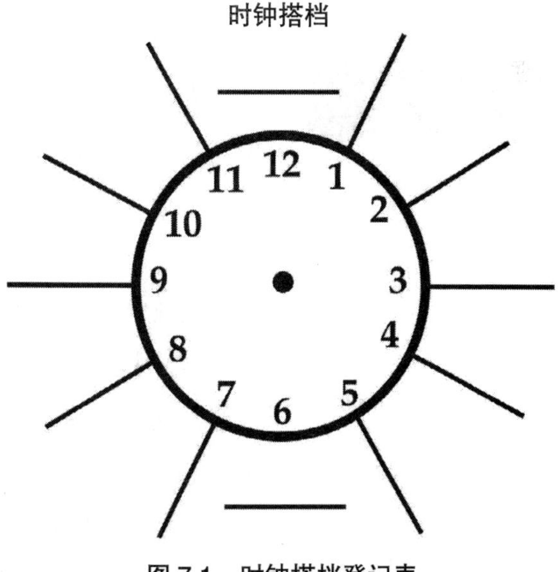

图 7.1　时钟搭档登记表

来源：Jones (1998–2006). Copyright © Raymond C. Jones. All Rights Reserved. http://www.ReadingQuest.org

还有一位助理教师珍妮也很出色，她负责支持的是中学学生，她发现每次老师要求全班学生自己寻找搭档或者分组的时候，她负责支持的学生都有类似下面这些表现：注意到没有同学找他们，于是就自己一个人，或站或坐，或歪倚在墙上或瘫坐在椅子上。珍妮和老师谈了她的担忧，他们一起想出了更多有效的方法帮学生找到自己的搭档：

- **单词解释配对。**珍妮给这个班专门定制了一套卡片，有些卡片上写着一个单词，还有些卡片上写着相应的解释。老师把卡片分发给学生，让他们根据自己手里的单词找到相应的解释，这样就能让学生找到自己的搭档。
- **专家列表配对。**珍妮和老师使用学生专家列表给学生配对。全班学生都先通过这个列表了解彼此的特长，然后开始结伴。
- **扑克牌搭档。**老师带来了一副扑克牌，珍妮分发给班上的学生，让学生根据相同的花色、颜色或数字分组。

教学期间的支持

在教学期间，教师可以在教室里走来走去，回答大家的问题，为所有的学生提供支持。如果教师专门为某一个人提供帮助，对这个人来说可能是非常耻辱的。最好的情况是为整个班级提供支持，没有学生觉得您是在帮助某个特定的学生。不要称呼自己为“克莱尔的助手或克莱尔的助理”，要把自己当作给所有需要帮助的学生提供支持的人。只要学生开始进入状态，就不要围着他转了。给学生空间，让他自己做事，允许他犯错，就像对待其他人一样。学生遇到问题，让他求助，也像对待其他人一样。如果必须让学生重新集中注意力，那就悄悄地做，表扬学生也要悄悄地进行。上述这些方面都很重要，您的支持应该尽可能地不那么显眼、尽可能地温和。

为了保证让所有的学生都能有机会跟残障学生打交道，可以把教学材料放到这名学生那里，而不是让大家到某个特定的地方去看。朱莉就曾经见过有位助理教师在这方面做得很好，这位助理教师负责支持的学生名叫乔纳，他坐轮椅，正在上幼儿园。上课的时候，学生都要到地球仪那里收集信息。于是，助理教师决定把地球仪移到乔纳的课桌上，学生过来看地球仪的时候，很多人都跟乔纳互动了。想要了解更多为学生提供社交支持的例子——不管是课堂上还是课堂外——请参见表 7.2。

小测

在非结构化活动期间为学生提供社交支持的 3 种方式是什么？

1.

2.

3.

在学习等结构化活动期间为学生提供社交支持的 3 种方式是什么？

1.

2.

3.

表 7.2　针对不同活动的社交支持

要求学生做的活动……	可以提供的社交支持……
换到另外一个地方	问问学生及其同伴是否想要一起走到下一节课的教室，或者让学生负责当排头。
和同伴一起玩	在操场上组织一个很多学生都能一起玩的游戏或活动。
小组合作	让小组中的每位学生都负责某项任务，要求学生一起合作，同时发挥各自的长处。例如，喜欢组织的学生可以负责项目管理，与同龄人交谈时感到难为情的学生可以负责记录。
表达想法	让学生和一个同学一起讨论一个概念。如果学生喜欢说话，但是写字有困难，那么可以让同学负责抄录。如果学生很难用语言表达想法，那么可以负责抄录或记录。
听从指令	让学生和同学核对这些指令，或者让同学给学生讲讲这些指令。

不要忘了熟悉的技术

如今的学生可以很熟练地使用短信、社交媒体，以及视频平台与同龄人联系，那助理教师就可以引入视频聊天（如 FaceTime）、短信或社交媒体，让学生在放学后与同学联系，以此帮助学生与同龄人交流。社交网络、视频通话、短信，这些渠道可以打开一个沟通、融合、参与社会生活的新世界。即便学生待在家里，即便他们不适应线下的社交场合，也可以通过这些方式与同龄人建立社交联系（比如，本很难跟别人进行眼神交流，所以比起拥挤的社交场合，他更喜欢使用社交网络与朋友交流）。一定要记得与学生的家人沟通，保证他们同意学生使用社交媒体和其他平台，还要保证您了解学生家庭对使用这些东西的所有规定，这是对家庭规矩和家长要求的尊重。

促进同伴支持的具体策略

策略

同伴支持策略在改善学生社交方面得到了人们的强烈推崇。不过，您是不是不太拿得准到底应该怎样指导这个同伴为您负责的学生提供支持？这很常见，因为助理教师和教育工作者并不总是能得到这方面的培训。然而，布罗克和卡特（Brock & Carter, 2016）最近的研究证实，如果助理教师可以通过某些行为向残障学生的同伴清楚地表明如何为残障学生提供支持，残障学生的社交就会得到明显的改善。这些促进同伴支持的办法既有促进学业支持的，也有加强社交互动的，详见表 7.3 中布罗克和卡特给出的建议和实例。

反思

您是否已经使用了促进同伴支持的办法？哪些是您可以开始使用的？

表 7.3　助理教师行为、定义及实例

行为	定义	实例
提示社交互动	助理教师鼓励或建议目标学生以某种方式与同伴互动，或者鼓励或建议同伴以某种方式与目标学生互动。	助理教师指着扩大沟通设备上的某个符号，提示目标学生回答同伴的问题。
强化社交互动	助理教师通过社交互动的形式表扬（口头或手势）目标学生或其同伴。	目标学生和同伴打了个招呼，助理教师向他竖起了大拇指。
为社交互动提供信息	助理教师给同伴提供某些信息，帮助同伴与目标学生更好地互动，如解释目标学生是怎样与人沟通的，解读目标学生的某些行为、兴趣，告诉同伴可以与目标学生聊什么话题。	助理教师对同伴说："如果迪伦想要摸你的头发，就表示他想要与你互动，这是他自己的方式。你只要让他明白你不喜欢这样，不过你愿意和他碰一下拳头，和他聊聊天，这样就行了。"
提示学业支持	助理教师鼓励或建议同伴以某种方式与目标学生一起合作，帮助他们参与课堂。	助理教师对同伴说："讲座结束后，你可以用几句话向莎拉解释一下都讲了什么。"
强化学业支持	同伴以某种方式与目标学生合作，帮助他们参与课堂，助理教师给予表扬。	助理教师对同伴说："帮助马蒂列出文章大纲，方便他回去补充信息，你能想出这个办法，真是聪明极了。"
为学业支持提供信息	助理教师给同伴提供某些信息，帮助同伴更好地为学生提供支持，如告诉同伴该学生有哪些长处，需要哪些支持、改动以及合理便利才能参与课堂，还可以解释一些指导策略。	助理教师对同伴说："奥利维亚写字真的很困难，或许可以让她告诉你答案，你帮她写下来。"

续表

行为	定义	实例
提示互相靠近	助理教师提示（口头或手势）目标学生和同伴靠得近点。	助理教师让目标学生坐在同伴旁边，这样他们就可以一起参加活动。
助理教师与目标学生的同伴保持沟通	助理教师与目标学生的同伴保持沟通，看看他们是否适应自己为目标学生提供支持的任务，有没有什么想说的话、想要讨论的问题，或者他们是否需要助理教师的帮助。	助理教师对同伴说："你看起来无精打采的，有什么我能帮忙的吗？"

来源：Brock, M. E. & Carter, E. W. (2016). Efficacy of teachers training paraprofessionals to implement peer support arrangements. Exceptional Children, 82, 354–371. doi: 10.1177/0014402915585564

如何教授社交互动的规则

许多学生都很难搞清楚如何与他人互动。他们感觉好像在玩一个游戏，却不知道这个游戏的规则。如果您负责支持的学生有这方面的困难，那就把这些规则清清楚楚地告诉他。但是，不要只是单独教他一个人，也不要把他带到单独的教室里去教。应该利用教室里、走廊上、操场上的日常场合，巧妙地教学生如何相互交流。帮助学生学习社交规则，可以利用下面这些机会：学生和同伴自然互动的时候；利用课堂资料和视频，聊交朋友的话题时；学生面对霸凌问题的时候；面对每个年龄段都要面对的社交情境时。研究显示（Lavoie, 2005），在社交互动之后，马上讨论学生练习了什么行为或者社交技能，同时判断效果是否如他们所愿（即正面还是负面），再让学生想想以后在类似的情境中是否能够再次使用这些行为或者技能，这种做法是很有用的。另外还有很多可用的资源和工具，都可以助您一臂之力，帮那些需要额外支持的学生学习社交技能，接下来我们就会介绍这些资源和工具。

使用辅助技术提供社交支持

很多学生都需要额外支持和辅助才能与同伴互动，对于他们来说，辅助技术设备，无论是技术含量低的还是技术含量高的，都可以用来为他们提供社交支持，也都非常有效。最简单的方法通常是使用图片和符号，这是技术含量较低的支持形式。

社交故事

社交故事最早出现的时候，是以故事和图片的形式帮助孤独症儿童学习社交技能，不过现在已经用来为各种各样的学生提供支持，这些学生都可以从额外的社交支持当中获益。社交故事一般是从学生的角度描述一个社交情境。故事需要描述在这个社交情境中发生的事情，并且提供各种各样的场景和反应。我们建议使用语言、符号和图片，或者如果视频对学生来说效果最好的话，还可以制作一个视频。还应该给学生机会，让他们参与撰写社交故事。写完以后，和学生复习这个故事，之后再进入某个特定的社交情境（如午餐时或课间休息时），写好的社交故事就相当于一个例子。想要了解更多社交故事的例子，我们推荐卡罗尔·格雷（Carol Gray）的网站：www.carolgraysocialstories.com[①]。

可视化日程表

可视化日程表可以写在纸上，也可以写进笔记本电脑、平板电脑或手机里。可视化日程表一般都是结合图片和文字，以准确的顺序表明将要进行哪些课堂活动。可视化日程表还可以用来做“先……然后……”的活动，例如，学生先说：“嗨，你愿意做我的搭档吗？”然后他就和搭档肩并肩坐一起了。可视化日程表可以是为某个学生制作的，也可以是为整个班级做的（参见图 7.2）。

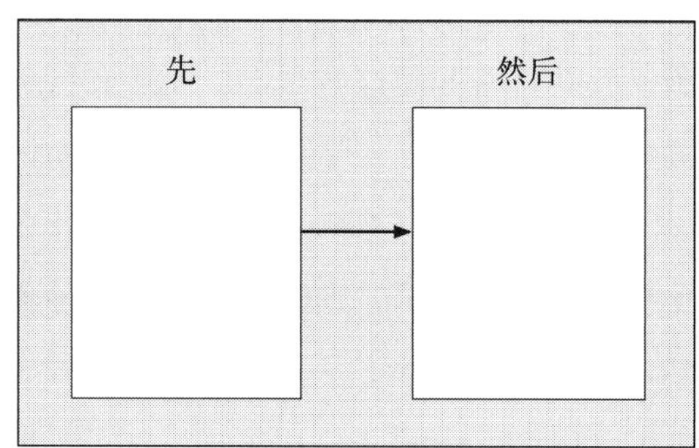

图 7.2 “先……然后……”的实例

感受量表、书籍或海报

我们可以使用感受量表、书籍或海报帮助学生识别自己的情绪，并且学着辨认他人的情绪。这个工具旨在把情绪以可视化的形式呈现出来，使用卡通脸或真人脸都行，哪个对学生有用就用哪个。我们可以把这个工具做成塑封图的形式，放在学

---

① 编注：读者也可参阅卡罗尔·格雷所著的《社交故事新编》（*The New Social Story Book*），中文简体版于 2019 年由华夏出版社有限公司出版。

生的活页夹里，也可以做成一本小书，方便随时拿出来翻翻，还可以做成图片，在平板电脑或手机上显示。您还可以为全班同学制作一张感受海报。这些工具可以帮助学生理解同龄人和成年人的情绪反应，也可以帮助他们表达自己的感受。

以适合学生文化背景的方式教授社交技能

学生各有各的家庭生活背景，在日积月累的家庭生活中，他们学到了语言，了解了一些传统、观念，也习得了一些行为及与家庭文化相关的规范。这些文化规范也会受到学生生活地点、社会经济背景、家庭教育水平，以及其他特殊经历的极大影响。不过，一旦学生进入学校，无论是行为还是社交方面，都要符合学校或者社会的主流文化。如果学生自己的文化规范与主流文化规范之间存在差异，学生常常会遭到污名化的羞辱，还会承受来自同龄人和工作人员的成见和偏见。

为了避免给学生带来这种危险，对于工作人员来说，了解学生的背景，不妄加猜测判断，这一点是非常重要的。因此，在学校教授社交技能时，工作人员必须考虑到学生的背景。

教育研究人员格洛丽亚·拉德森-比林斯（Gloria Ladson-Billings）专门从事与文化相关的教学研究，她解释说，工作人员必须就自己所教的内容提出问题（Fay, 2019）。例如，您可以问问自己："教授这种社交技能，是因为这种技能代表着某种文化的要求吗？"或者"我想让这名学生用这项技能做什么呢？"一般来说，我们认为学生需要了解某项技能，所以才会觉得自己必须教他们这项技能。然而，问问自己，他们为什么需要了解这项技能，这一点是非常重要的。研究社交技能——尤其是文化相关性——的研究人员解释说，在教授涉及社交行为和观念的内容时，我们首先要了解并尊重学生自己的文化背景，然后再判断有没有合适的机会教授来自主流文化的社会规范，以便给学生赋能，让他们感觉自己有能力在主流文化中为人行事并且有能力参与主流文化，这一点是非常重要的（Richardson, 1998）。

例如，如果某位学生所处的文化背景认为眼神对视是一种冒犯的行为，那么简单地对学生说"别人和你说话的时候要看着他们的眼睛"就是不够的，这样既不符合他们自己的文化规范，也不能帮助他们理解为什么学习这种技能对他们来说很重要。您可以这样说："我知道在家里，别人说话时，你会低下头以示尊重，不过，约翰尼他们家的人交流的时候，就会看着对方的眼睛，这表示他在听对方说话，还表示他很重视对方说的话。"这种对话可以帮助学生明白，文化规范之间是有差异的，这种差异是很常见的，想要发展社交关系、建立友谊，互相学习对方的文化规范非常重要。

反思

停下来想一想，自己的文化背景是怎样的。您对自己的文化认同了解多少？在您家里以及您所处的文化里，人们都遵循什么样的社会规范？关于这些做法，您觉得哪些是重要的？哪些不那么重要？您是否曾经因为自己的文化背景以及遵循的文化规范而成为被歧视的对象？

有关社交支持，最常见的问题

常见问题

问：这个学生有问题行为，所以其他孩子都不想和他在一起。我该怎么办呢？

答：首先，您要明白，这个学生值得拥有友谊，也有权发展人际关系。为学生提供支持的方式，应该既有助于减少问题行为，又能帮助他人理解这种行为。有个学生，名叫肯尼，他在感到焦虑的时候会前后摇晃，这种行为在同学看来很奇怪。用简单的语言向其他学生解释这种行为是怎么回事，这样的话，聪明一点的学生就会问肯尼："我该怎么帮你，让你不前后摇晃呢？"肯尼在辅助沟通设备上打出来一个回答："让我把手放在你的肩膀上就行。"从那以后，每次肯尼前后摇晃的时候，同学都会问他："你想靠在我身上吗？"这样就能帮他控制住他的焦虑行为。

问：您的建议是不应该把学生带离集体，但我有个学生有感觉方面的问题，没法去餐厅。我该怎么办呢？

答：考虑一下本章讨论过的一些可以在餐厅开展的活动，把餐厅变成适合学生去的地方。试试放点音乐，给学生找个一起吃饭的伙伴，把餐厅变成兴趣中心，或者找个人比较少、比较安静的午餐地点。

问：我知道为什么应该慢慢撤出支持，但我担心大家觉得我没做好自己的工作，我在撤出支持的过程中能做些什么呢？

答：这个担心很普遍。不在学生身边的时候，您可以为其他学生提供支持，也可以做一些改动为下一节课做好准备，还可以收集社交互动或行为方面的数据，看看学生的个别化教育计划，帮助老师准备下一项任务，在学校图书馆或网上搜索用于提供学业支持的图片或视频。另外，您还可以问问自己的团队，大家集思广益，想想有没有针对您这个情况的建议。最好的做法就是开诚布公，经常与同事沟通，这样每个人都能就如何撤出支持这个问题达成一致。

本章小结

在本章开头，我们介绍了赛斯。他在社交互动方面有困难。有个成年人在学校全天候为他提供支持，这对他的社交生活造成了极大的损害。友谊和人际关系对赛斯的发展和生活质量至关重要，对所有的学生来说都是这样。助理教师需要尽最大可能给接受支持的学生提供社交互动的机会。本章提到的建议，其目的是支持您帮助学生融入学校的社会生活。上一章的重点是在教学时间如何为学生提供支持。不过，请注意，您经常需要同时提供社交和学业支持。对于助理教师来说，为学生提供支持的时候应该有意识地综合考量，这一点至关重要，因此，下一章将会讨论如何在提供学业和社交支持的同时提供行为支持。

活动：社交支持策略

活动

在本章中，我们为您提供了很多策略、建议和资源，都是为了支持和鼓励学生与同龄人建立联系、学习社交互动规则。花点时间，把您想使用的策略写下来。请您的教师团队支持您，并对您的想法给予反馈。教育工作者不应该认为孤独或孤立就是学校生活的一部分，要知道我们是可以介入并且帮助学生建立和维系友谊的。

待办事项

待办事项

看完这一章后……

- 完成本章活动和反思两个部分的要求。
- 写下三种您可以用于帮助学生发展同伴关系的新方法。与同事讨论这些方法，并且尽快付诸实践。

- 帮助学生发展同伴关系的时候发生了什么，仔细观察并记录下来，和团队成员分享这些信息。
- 本章还有哪些支持形式或者建议是您想要进一步了解的，花点时间，深入研究一下。

第八章　提供行为支持

每个孩子都能演绎一段成功的传奇，只要有成年人用爱心引领。

——乔希·西普

（Josh Shipp）

我没有受过足够的训练，实在搞不定这孩子。我叫他停下，他不听。我要是想办法让他停下，他就会尖叫。他失控的时候，我是真的不知道应该怎么办。我可能就不适合这份工作。

——本（助理教师）

我最近才知道，他们在学校里对我的孩子使用了约束措施。他们竟然真的压在他身上。一想到他当时的无能为力，我就觉得难过。第二天我去了学校，情况稍微有了改善……但是我每天都在想这件事，我担心他还会遇到这种情况。

——特蕾西（家长）

想想自己面对问题行为的心态

本章主要内容是如何为有问题行为的学生提供支持，不过开始之前，我们请您先念一段“魔法咒语”。花点时间，仔细想想每一句话。

- 这是别人的孩子。
- 这是一个好孩子。
- 这个学生想要进步。
- 这个学生是在用行为表达什么。
- 我能搞清楚这个学生需要什么。
- 我能帮助这个学生取得进步。
- 我能做到小心应对。

- 我能接纳这个学生并帮他融入这里。
- 我能原谅他犯过的错。
- 我能每天重新开始。

最严重的问题行为

有一次，我们给很多老师做报告，期间，让这些老师列出自己看到过的最严重的问题行为。老师们想了一会儿，之后就把自己写的交了上来，然后我们就把这些写到了图纸上。老师们提到的问题行为有骂人、打架、大喊大叫、封闭自己、一言不发、跑出房间、打人、自伤（如咬自己的胳膊）。

您有过问题行为的表现吗？

我们又问这些老师自己有没有过这些行为。我问有没有谁曾经骂人、打架、大喊大叫、封闭自己、一言不发、跑出房间、打人、自伤，有的请举手。几乎所有人都举起了手，这个时候房间里爆发出一阵尴尬的笑声。不过，这些行为不会影响这些老师的形象，因为绝大部分人都有过这些所谓的问题行为，或者说是令人担心的，至少是不太得体的行为，大家都有过这种时候。我们又问这些老师他们的问题行为和学生的问题行为有何不同，有位老师半开玩笑地说："我发飙是真的有原因呀！"那你们猜学生发飙有没有原因呢？当然也有。

您需要什么？

之后我们又让这些老师想想自己出现问题行为的时候都需要什么。他们列出了很多：需要一个拥抱，需要走开一会儿，需要有人倾听，需要喝一杯酒，需要小睡一会儿，需要冷静一会儿，需要转移话题，需要和人说说话，需要散个步，需要呼吸新鲜空气。

我们觉得这份清单很不错，里面的很多东西都能让我们冷静下来。不过，需要注意的不仅是这里提到的办法，还应该注意有什么办法是没被提到的。没有老师提到需要贴小红花。没有人提到自己需要有人教育，需要有人把自己带走。这些老师和绝大多数成年人一样，需要帮助，需要安慰，需要冷静，需要理解。学生也需要这些。

学生也需要这些

回头再看一下那张清单。处于危机当中的学生——心烦意乱或者情绪失控的学生——需要安慰和理解。对您自己有用的那些策略或想法也对学生有效。要搞清楚如何为学生提供支持，何时提供支持，可能需要一点创意，但是拥抱、休息、冷静、散步或倾听等都是提供支持的最佳方式。

您很有可能要和有问题行为的学生打交道。这些行为五花八门，相对来说比较温和的有逃课或封闭自己，比较严重或外显的有和同学打架、跑出学校或自伤。本章先讨论看待学生都有哪些不同的角度，以及人们面对问题行为的时候都有哪些常见反应，之后再提出一系列的建议，谈谈教师在学生出现问题行为之前、期间、之后分别应该怎么做。在本章结尾，我们依然会回答一些常见问题。

学生的本质都是好的：没有天生的坏学生

我们的学生没有问题，也不是坏人。有问题的或有破坏性的，是学生的行为表现。但是，我们都必须记住的是：学生的本质是好的。学生出现问题行为，实际上是在向我们求助，他们想要新的工具、想要与人联系、想要得到支持或指导。问题行为越严重，我们就越是要让学生知道，我们不相信他们是坏学生。我们需要让这些学生知道我们一直都会支持他们。

学生想要成功

无论学生的问题行为有多严重，所有学生想要的其实都一样——他们需要有人关爱他们、重视他们、理解他们；他们想要和同学聊得来、说话不跑题；他们想要与您和其他老师好好相处；他们想要完成作业。

> 无论学生的问题行为有多严重，所有学生想要的其实都一样——他们需要有人关爱他们、重视他们、理解他们。

可是，他们可能还没有掌握做好这些事情所需的技能、知识，或者可能还没有得到机会。例如，我们可能会认定某个学生很有心机，因为他会利用问题行为逃避上课，可是实现这种心机需要预想，还需要计划和组织能力。然而，大多数有问题行为的学生并不具备这种能力。如果学生真的具备这些能力，他们很有可能已经完成课堂任务了，根本就不用逃避上课。因此，这就要靠您和其他老师帮助学生学会完成这些任务所必需的技能。

面对问题行为的反应

在全国各地的学校里，大家对表现出问题行为的学生反应各异。本节将讨论两种常见的思路：控制行为的思路和积极行为支持（Positive Behavior Support）的思路。

典型反应：控制行为

新罕布什尔大学残障研究所（University of New Hampshire's Institute of Disability）研究员赫布·洛维特（Herb Lovett）这样形容人们面对问题行为时的典型反应：

> 面对不受欢迎的行为，我们的第一反应就是采取行动去纠正这些行为，因为在我们眼里这些行为是不可接受的、不恰当的。这种做法背后的理念是：出现问题行为的人已经失去控制了，那些负责管理他们的人——控制他们的人——有责任重新控制他们，为了达到这个目的，他们应该使用专门设计的某些方法和技巧。（1996, p. 136）

这种反应有个主要问题，那就是如果选中的控制方法不起作用，教师或助理教师往往会感到很挫败，接下来就会使用更具惩罚性的方法重获控制。这种做法往往适得其反，而且，由于需要控制和纠正学生，教师和助理教师经常人为地制造了巨大的障碍，这些障碍让他们与自己本该支持和教导的人越来越疏远（Lovett, 1996）。这种思维方式暴露了对于问题行为的消极态度：这个学生是不是有什么问题？而积极态度应该是：我该怎样才能为学生提供更有效的支持。如果教育工作者秉持着人本主义行为支持理念，他们就不会责怪学生。相反，他们会对课程、环境和社交空间开展批判性的反思，还会思考学生可能需要学习哪些必要技能，让自己更深入地了解问题行为。

换一种思路：积极行为支持

“一直以来，针对残障人士的行为管理都是比较死板，甚至是相当恶劣的”，而积极行为支持已经完全不是这样了（Bambara, Janney & Snell, 2015, p. 4）。积极行为支持“强调团队合作，强调解决问题，在这个过程中，设计各种支持计划，其目的是通过提供有效的教育计划、打造支持性环境预防和纠正问题行为”（Bambara et al., 2015, p. 5）。归根结底，行为是一种沟通形式，教育工作者应该抱着解决问题的心态处理问题。

积极行为支持的基本理论框架如下：

1. 行为是习得的，是可以改变的。
2. 干预的基础是研究行为。
3. 干预强调预防问题行为和教授新行为。
4. 被干预者本人和社会都认可干预的成果。
5. 干预需要全面、综合的支持资源。（Bambara et al., 2015）

注意，应用积极行为支持策略处理问题行为需要团队合作。不能指望助理教师一个人设计积极行为支持计划。不过，理解基本原则还是很重要的，因为您可能需要负责协助执行为某些学生制订的行为支持计划。清楚地了解自己应该使用哪些方法为学生提供支持，这是成功的关键。

主动行为管理

只要我们提前准备，大部分问题行为都是可以避免或管理的。提前准备，需要判断什么办法对这名学生有效。

> 加布有孤独症，每次日程安排发生变化的时候，他都很难接受。他需要知道什么时候会发生变化。如果日程安排出现意外变化，他就会藏在柜子里，或者走来走去，或者在房间里到处跑。为了避免这样的问题，可以帮助加布为每天的日程做好准备。教学团队的做法是每天早上都让一位同学接加布下校车，然后一起去教室，到了教室以后，就看看当天的日程安排。加布自己也有一份日程表，需要的时候，就会看看这个日程表。帮助加布为一天的活动做好准备，减少他对日程安排的焦虑以及由焦虑导致的问题行为，用这个办法是最有效的。

建立和维系关系

洛维特（Lovett）在研究中强调了关系和连接的重要性，就行为支持来说，关系和连接比其他任何东西都重要：

> 对于问题行为，采取积极的应对方式会让人们建立一种关系，这种关系是大部分人都有并且也都非常看重的，那就是稳定持久、互相喜爱、互相尊重。在这样的关系里，我们都会犯错，在某些方面都有不足，但是能够维系这段关系的，并不是我们做得有多好。在这样的关系里，要评估我们做得好不好是比较难的，因为关键因素不单单是数量够不够的问题，而是质量好不好的问题，这个问题更为复杂。然而我们专业人员常常忽略了人际关系的重要性。（1996, p. 137）

了解自己的学生，知道他们喜欢什么，这个办法在应对问题行为的时候真的很有用。蒂姆·瑙斯特（Tim Knoster）在《课堂管理手册》（*The Teacher's Pocket Guide to Effective Classroom Management*）一书中曾经强调："想要帮助学生规范自身行为，就要与学生建立适当的融洽关系，这是绝对必要的先决条件。"（Knoster, 2008, p. 25）

> 丽莎是一名助理教师，她负责支持的是一位名叫康妮的高中生，康妮患有唐氏综合征。丽莎很发愁，不知道要怎么才能跟康妮熟悉起来。为了更深入地了解康妮，丽莎决定放学以后去观看她的啦啦队比赛，看她表演。啦啦队表演结束之后，康妮把丽莎介绍给她的几个啦啦队队友。康妮的妈妈来接女儿的时候，他们家的狗马克斯也在车里，于是丽莎又认识了马克斯。丽莎表示，这件事帮她跨越了了解康妮的障碍，也让她明白了康妮的朋友对她是多么重要。丽莎说，直到那次，"我才意识到做一个普通孩子有多重要，这让我更注意与她保持距离、给她空间"。有人问过康妮如何形容她和丽莎的关系，康妮说："我信任她，连我家的狗马克斯都喜欢她！"

丽莎创造了一个机会，让康妮开始信任她。她之所以能做到这一点，是因为她与康妮周围的人建立了联系，之后一直本着尊重的态度，成为康妮生活中值得信任的人。不过，想要建立关系，让学生知道你信任他们，他们也可以信任你，还有很多不同的途径，如给学生空间、和学生一起玩、了解学生的兴趣、看学生喜欢的电影、参加学生喜欢的活动、与学生聊他们的朋友和他们喜欢的事情。接下来我们将会讨论与学生建立融洽关系的方法。

要记住，和学生之间的关系应该是温暖的、彼此信赖的，还应该是专业的，这一点很重要。不过，要注意，这不代表要和学生成为朋友，这一点也很重要。我们的目标是成为一个值得信赖的人，同时帮助学生与其他学生建立联系。同伴关系非常重要，因此，一定要保证助理教师和学生的关系是温暖的和专业的，但不能用这种关系取代正常的同伴关系。

反思

您已经通过哪些方式与学生建立了积极、信任的关系？您还希望通过哪些方式与学生建立积极的关系？

如何与学生建立融洽关系？

莱瑟姆（Latham, 1999）教授是一位教育学者，是公认的人类行为专家，根据他的建议，父母与孩子建立融洽关系可以分为几个步骤。这些步骤经过改动，也适用于助理教师与学生建立融洽关系，它们是：

1. 利用适合学生年龄的身体接触（击掌、握手），面部表情（符合所处的情境），语调（声音应该与所处情境相匹配）和肢体语言（如看起来很放松、张开双臂、神情专注、看着学生）。

2. 问一些开放式的问题（如："你放学后要做什么？""给我讲讲那本书呗。""那部电影你最喜欢哪一段？"）。

3. 学生说话时要注意听。最好是让学生多说，老师要少说（不要打断学生，也不要转换话题）。

4. 说些表示共情的话。要表示自己理解学生、关心学生，要像镜子一样投射学生的感受（如："我知道这真的让人很泄气。""我知道你肯定很生气，我就在这儿陪你，你有什么想说的可以告诉我，或者就跟你一起坐一会儿也可以。"）。

5. 忽略那些让人不喜欢的表现，如抢话头、敲铅笔或乱涂乱画，不要在意小问题，更不要把小问题升级成大冲突。

反思

您目前通过哪些具体方式与学生建立了融洽关系？您还想通过哪些具体方式与学生建立融洽关系？

教学活动要发挥学生的长处

对学生进行积极行为支持，最简单的方法就是把教学活动和学生的长处联系起来。例如，学生擅长画画，那么在社会学课上让他把自己的想法画出来，他就更有可能专注于教学活动，表现出积极行为。作为助理教师，您可能对教学计划没有多少发言权。不过，有些助理教师还是非常成功地帮助了教师利用新兴的教学技术为学生提供学业支持。试试不同的点子，实施新的计划，也许就会发现一些团队其他人也可以用的方法。您什么时候提建议都是可以的。在为学生提供支持这件事上，永远不要低估自己的能力和创意。

学生为什么会出现问题行为，都有哪些表现，了解和理解这些，可以帮助您判断他们需要什么。

苏是一位助理教师，她有个学生叫亚历克斯，他需要经常在教室里走动。于是苏就问了上课老师能不能把图画纸贴在墙上，让所有学生都不用坐着上课，而是站在图画纸前拿记号笔做头脑风暴活动。老师表示愿意试试。这样一来，亚历克斯比以前有进步了，其他学生好像也很喜欢这个活动。而在这之前，大家都觉得亚历克斯是个大麻烦，因为他很难老老实实地坐着。他总是下座位，扭来扭去。苏觉得，亚历克斯的问题行为反映的是他的学习偏好（通过身体动觉学习），所以她才想出了让学生在学习的时候多运动的方法。

了解和理解学生为什么会出现问题行为，有助于搞清楚他们到底需要什么。研究表明，结合学生的长处开展教学活动，可以有效地减少问题行为，让学生更多地专注于学习任务（Kornhaber, Fierros & Veenema, 2004）。学生出现某些行为，可能表明他们擅长某一领域，我们就可以据此提供相应的支持，表 8.1 给出了一些实例。

表 8.1　学生行为与其擅长领域之间的关联

学生行为	擅长领域	学生需求	实例
学生不停地动来动去。	通过身体动觉学习的类型。	学生在学习的时候需要运动。	允英在学习的时候需要不停地动。因此，老师给全班朗读课文的时候，就让允英坐在一把摇椅上。在允英所在的班级上课或开展某些活动的时候，老师让所有学生想怎么坐就怎么坐。
学生总是说话。	通过人际互动学习的类型。	学生在学习的时候需要更多的互动。	葛文跟同学说话的时候学习效果最好。因此，老师布置写作任务之前，就给她几分钟让她跟朋友聊聊自己想写什么。
学生不停地唱歌、打节拍或打鼓。	通过音乐学习的类型；在音乐方面有天赋。	学生在学校的时候需要接触更多音乐。	露西喜欢音乐，所以老师就在学生写作的时候放音乐。音乐能让露西注意力更集中，其他学生也喜欢听。
学生经常神游或不注意听课。	通过认识自我学习的类型；喜欢跟自己有联系的学习内容。	学生在学校的时候需要更多的时间把所学内容与自身情况联系起来。	杰瑞喜欢把学到的东西和自己联系起来。因此，在学习《草原上的小木屋》（Wilder, 1971）这个单元的时候，老师给他布置的作业就是分析一下里面的人物，看看哪些人物跟他相似，有哪些共同点，哪些人物跟他不同，有哪些不同点。
学生喜欢画画或涂鸦，不喜欢记笔记，也不喜欢听课。	通过探索视觉空间学习的类型；在艺术方面有天赋。	把艺术表现作为学习过程的一部分。	罗宾喜欢画画。因此，听有关细胞分裂的微课时，他就可以画画，再把这些概念标注出来。
除了高度结构化的活动或逻辑非常清楚的活动，其他活动都很难吸引学生。	数理逻辑智能突出；喜欢数学计算。	利用数学和逻辑帮助学生学习其他科目。	乔治喜欢数学，但是学英语很困难。因此，教学团队让他用文氏图、时间线、图表分析《罗密欧与朱丽叶》中的人物。这有助于他记住剧中所有人物，在讨论的时候，他把自己做的表格给其他同学看了，还帮他们记住剧中的具体情节。

反思

想想自己的学生都有哪些问题行为。他们可能有哪些方面的长处？他们可能需要什么方面的支持？

打造利于积极行为的环境

有的教室让人感觉动都不敢动，您去过吗？有的学习环境让人一进去就想跑，您去过吗？相反，有的环境让人感觉温暖和亲切，您去过吗？什么样的学习环境有利于学习？如何打造更舒适的、利于积极行为的教室环境，以下是一些建议：

- 课桌摆放应该方便学生互动。把课桌围成一圈比排成一排更有可能促进互动。
- 让残障学生分散坐在不同的地方，不要把他们分在同一组。把学生按有没有残障分组是相当侮辱人的做法。应该打乱分组，这样每个人都有机会向同学学习。
- 打造平静放松的氛围，让学生可以自在地走动，并与他人交流。
- 把日程安排或每日课表贴出来，这样大家都知道什么时候应该干什么。
- 不要让某个学生分开单独坐。
- 在教室墙上贴上学生作品供大家欣赏，这样会让人感觉这个教室是学生专属的。
- 在适当的时候，放点轻柔的背景音乐。
- 如果想让学生坐在地板上，可以铺上软软的地毯，让学生感觉更舒服。
- 如果学生搞不清楚个人空间的界限，那就让他们每人都单独坐在一块地毯上。
- 如果学生不喜欢上课突然被点到名字，那就形成某种规律，让学生可以预判老师什么时候会提问。例如，老师告诉学生自己讲课之前要提问什么问题，这样学生就有足够的时间做准备。

虽然助理教师经常在学生出现问题行为之后才被派过去，但是如果助理教师能够更好地投入时间和精力，协助教师打造舒适和放松的环境，问题行为就不太可能发生。

反思

在您工作的教室里有哪些环境方面的支持呢？您还能想出其他方法来打造更加轻松舒适的学校环境吗？

满足学生的需求

所有人都需要有什么东西让自己开心，这样才能有好的表现。这些东西就被称作普遍愿望（universal desires）（Lovett, 1996）。自主、关系、互助、安全、信任、自尊、归属感、成就感、自控、交流、开心和快乐是所有人都需要的。帮助学生满足这些需求，才能打造让学生感到舒适安全的学习环境。反过来，学生感到舒适安全，也有助于减少问题行为的发生。

自主

自主指的是自我管理或自己做主的权利和能力。为了让学生觉得有自主权，在学校的时候，要给他们不同的选择，尽量让他们自己做决定。例如，让他们自己选择坐在哪里、跟谁同桌，自己选择大作业用什么材料、写什么主题、用什么写字工具、要不要做些改动，或者让他们自己选择吃什么。让学生有机会自主选择，可以提高他们做决定的能力，让他们更加独立。

关系与互助

本书第七章是专门讲关系的，这是因为关系在学生生活中确实非常重要。应该让学生与他人发展关系，与同学建立联系。还应该为他们提供机会，让他们互相帮助。第七章提出了一些建议，这些办法可以推动学生发展关系、建立联系。如果这些需求没有得到满足，学生就会总想吸引他人的注意。学生寻求关注时会有很多表现：可能是拍拍打打、取笑戏弄他人，也可能是没完没了地缠人。也有的学生会表现得很孤僻，愿意自己一个人坐着。他们可能看起来很生气，可能会故意大发脾气让自己从某种情境中解脱出来。如果您注意到某个学生表现出问题行为，一定要观察他与同学的互动过程。您可能就会发现，学生需要支持或鼓励，才能与同学建立友谊。

安全与信任

想要建立一段安全、信任的关系，就要说话算数、说到做到，让别人觉得您是值得信任的，您不是来惩罚或伤害学生的，还要信守对学生的承诺。研究显示，“许多有问题行为的人都碰到过太多没有兑现的承诺”（Pitonyak, 2007, p. 18）。一定要不断地传递这样的信息：您是值得信任的，您是想帮助和支持他们，而不是要惩罚和管理他们。不要把学生带离学习环境。学生每次被带走，不管是因为罚时出局，还是因为要出去待一会儿，都会有这样的感受：你在这里是不受欢迎的，你能不能成为这个群体的一员，取决于你的行为表现。这就导致了一个恶性循环：学生没有归属感，就会表现出问题行为，然后因为行为不当被带走，从而更没有归属感。

开心和快乐

所有学生都需要开心和快乐的学习环境。为学生提供支持的时候，问问自己："这名学生在教室里是不是发自内心地感到开心和快乐？这种时候多吗？""这名学生和别人一起开怀大笑或者一起嬉戏的时候多吗？""在这个环境里，还能不能多创造些让人觉得快乐的时刻？"

沟通

所有学生都应该有权利表达自己的需求和想法。有一次，我（凯特）在教室里观察学生的时候，老师问了有关天气和日期的问题。有一位使用辅助沟通设备的学生按了按键，让设备替他说了："我知道怎么回答。"老师没反应，他又按了一次按钮，后来晨会期间他又按了三次。但是老师一直都没叫他回答。老师好像对那个设备的声音厌烦了，最后走过去把设备没收了。后来学生找到了那个设备，按了按键，让设备替他说："我很难过。"这件事说明了一个重要的问题。交流的权利不应该是争取来的，也不应该被剥夺。任何想要交流的尝试都应该得到尊重，因为所有人的声音都需要被人听到。

如果学生觉得老师和其他工作人员没有听到自己的心声，他们就会想办法用行为——而且常常是不好的行为——表达自己的想法、情绪和需求。他们没有安全感或者没法表达出来的时候，就会通过行为表现出来，以此维护自己的独立。还有的时候，他们行为乖张，可能就是为了给自己的生活找点乐子。有目的地创造交流机会，这对帮助学生减少问题行为非常必要。学生表达的可能是"我感觉很孤独""我没有安全感"或者"我不知道怎么才能告诉你我需要什么"。您可能没法马上从他们的行为中分辨出他们想要表达什么，但是，在学生出现行为问题的时候，要提醒自己，所有的行为其实都是一种交流。教师和助理教师的职责之一就是努力去理解学生通过行为想要表达的是什么。

预测学生的需求

为每一位学生制订一个计划，帮助他获得更多能满足其需求的东西。邀请学生一起参与讨论，看看他们需要什么帮助自己学习或参与课堂活动。例如，如果您认为学生需要有更多的选择，那就应该尽快给他提供更多的选择。

我们知道这个建议与大多数行为干预体系和方案相悖。很多人都认为，如果给了他们需要的东西，他们就会变本加厉。但是事实正相反。如果您想办法满足了学生的需求，他们就不会为了得到自己想要的东西而做出问题行为（Kluth, 2010; Lovett, 1996; Pitonyak, 2007）。这里有些很棒的问题，您可以问问自己：

- 这个学生可能需要什么？
- 这个学生在学校的时候需要更多愉悦感受和快乐时光吗？
- 这个学生需要更多选择或者需要对自己的事情多些掌控吗？想要了解这方面的建议，请参见下文中“为学生提供更多选择”的内容。
- 这个学生需要更多的归属感吗？
- 这个学生需要与别人发展关系、互相帮助吗？
- 这个学生需要更多的自主权吗？
- 这个学生需要更多交流机会吗？

您必须首先分析学生可能有哪些需求，然后再和团队成员一起确定可以通过什么途径满足学生的需求。只要有可能，就要让学生一起参与讨论。有些问题行为可能是您经常碰到的，表 8.2 列出了这些行为并就如何判断这些行为意味着什么提出了建议，之后详细说明了如何满足这些需求，还给出了活动实例。

反思

想想自己负责支持的某个学生。重点标出这名学生表现出的行为以及可能有效的支持方式。您能马上把这些支持付诸实践吗？您能安排时间和这名学生的教育团队见面并讨论这些建议吗？

表 8.2 如何满足需求

学生出现下列行为	可以这样满足需求	活动举例
话多	给予说话的机会	“边走边说”游戏；“思考分享”活动；辩论；“轮流说”游戏

续表

学生出现下列行为	可以这样满足需求	活动举例
好动	给予活动的机会	站着写字；像涂鸦一样写作业；躺着写字①；举办舞会；“背对背”游戏
总想出风头	给予出风头的机会	排队排第一；发作业；做老师的小帮手；拿教鞭
害羞	社交互动中给予更多支持	加入团队之前把自己的想法写下来；“时钟搭档”游戏
不合作	提供更多选择	自己选择写字工具；自己选择喜欢的纸张及其颜色；自己选择教具
大哭大闹	给他时间等他冷静下来，之后为其提供一个计划	“等你准备好了，我们来写第一步吧。”
欺负别人	培养友谊	午餐时根据兴趣爱好分桌坐；与同学对话时提供支持
封闭自己	教他如何表达不满、难过、沮丧	准备一张卡，上面写“我需要休息”；准备一块白板，把自己的感受写在上面
发出噪声	给予机会发出噪声	给他鼠标垫让他拍；反复朗读同一段文字
打断别人说话	给予课堂发言的机会	“轮流说”游戏；随便说点什么；社交暂停②；合作学习小组
无法在指定座位上安坐	让他选择最适合自己的写作业方式	使用带夹子的写字板趴在地板上写作业；使用乐谱架；躺着写字；像涂鸦一样写作业

为学生提供更多选择

让学生自己选择以何种形式完成任务，这是帮助学生取得进步、减少问题行为、建立信心的重要途径。有一名学生学习的时候很爱动，我们给她和同学们准备了那种能在玻璃上写字的马克笔，让他们站着写任务清单、做头脑风暴或制订写作计划，这个办法很有效。如果是需要书写的作业，那就给学生提供平板电脑和笔记本电脑，

---

① 译注：原文是“米开朗琪罗风格”，后文有解释，指的是把作业单粘在课桌底下，让学生仰躺着写字。

② 译注：在工作或学习中暂时停止与他人互动以便休息或恢复精力。

这样也可以让学生有机会完成作业。学生练习数学题或者为写作标题绞尽脑汁的时候，为他们准备那种单人白板和白板笔，在自己课桌上用，或者坐在地板上用，这些办法也可以让他们专注于任务。

还有一个办法，我们为学生提供支持的时候也很喜欢用，就是让学生自己决定以哪种姿势学习，或者给他们一张“菜单”供他们选择，我们把这个称为“怎么写作业自选菜单”。有些学生可能选择坐在地板上做作业，有些学生选择用乐谱架当站立式书桌，有些学生用带夹子的写字板，这样就能边走边写，或者用胶带把纸粘在墙上——涂鸦式——在上面写作业。

学生还有可能选择用治疗球代替椅子，或者在椅子上放个坐垫。有些学生喜欢坐在教室里舒服的豆袋椅或沙发上。我们发现如果允许学生自己选择坐姿，他们就可以集中注意力，专注于学习任务的时间也会更长。想要让学生在校期间各个方面都有更多选择，还有很多办法，具体例子请参见左侧“为学生提供更多选择的策略”的内容。

为学生提供更多选择的策略

- 各种分组形式：一人一组、两人一组、多人一组
- 记号笔或铅笔
- 用玻璃马克笔在桌子或者玻璃上写字
- 电脑或笔记本电脑
- 小一点的纸或画图纸
- 站着或坐着
- 在地板上或外面草地上用带夹子的写字板写字
- 听或读
- 画出来或写出来
- 用人行道粉笔①或笔和纸
- 继续或休息 5 分钟
- 使用乐谱架或画架
- “涂鸦作业”或躺着写字
- 使用椅子或治疗球

克服重重困难

面对问题行为的时候，学校工作人员的反应通常是让学生承担后果、警告学生要承担行为后果、取消奖励或者忽略，在某些情况下，还有可能会强制学生规范行为。强制学生规范行为可能需要接触学生身体迫使其移动，或者手把手地辅助他们。这些应对策略，没有一个对学生有好处，对相关的成年人也没好处。

我们还记得，有个学生在教室里出现了很严重的问题行为。按要求，这名学生当时应该和作业治疗师一起搭塑料积木。但是，他突然跑开了，还把那些积木扔向作业治

① 译注：人行道粉笔，一种类似彩色粉笔的物质，由油漆、石膏等制成，用于在人行道或水泥上绘画。

疗师。治疗师说："你再这样，我就把你的名字写在黑板上，取消你的课间休息。"学生没听她的。治疗师走到黑板前，把学生名字写在了黑板上，字写得特别大。学生开始闹，一直四处乱跑。治疗师又在学生名字旁边打了个叉，于是那些积木像雨点儿一样砸到了她的头上。最后，她说："去反省室[①]！"她把连踢带喊的学生带到了反省室，学生在那里哭喊了两个小时，最后还睡着了。

这类情况非常棘手，您可能也亲眼见过类似的情况。针对这种情况，可能没有简单的解决方案，教育工作者往往直接就使用行为后果策略——或者警告学生行为的后果——这种后果可能就是隔离学生，根本就没有试试其他的积极行为支持手段。不管哪种形式的隔离，都是最不该选择的办法。助理教师永远都不该选择这种办法。研究人员已经发现，尽管隔离这种负惩罚可以使某种行为在短期内不再发生，但从长远来看，这种办法既没有效果，也不人道（Kohn, 2006）。

当然了，让我们想出些办法倒也不难——我们以前也不是那种因为学生四处乱跑、扔东西就抓狂的人。但是，我们还是希望读者自己好好想想，在上面那个例子中，治疗师还有没有别的办法。治疗师和那位扔积木的男孩之间的互动会不会因为治疗师采取了下面这些行动而有所不同：

- 走到学生身边，轻轻地问他："你现在需要什么？"
- 给学生一张纸，然后说："有什么不舒服的吗？画出来给我看看。"
- 冷静地问学生要不要休息一会儿或者喝点水。
- 让学生帮着收拾一下烂摊子。
- 换一个活动，让学生帮自己准备下一个活动。
- 描述学生的行为，之后说："你好点了吗？"或者说："好像有什么不妥，你能帮我搞清楚这是怎么回事吗？"

如果这位作业治疗师以上述任何一种举动作为对学生问题行为的回应，这名学生都可能不至于去反省室。这样的结果不但让学生浪费了很多学习时间，而且对学生和作业治疗师来说都是很大的创伤和损失。

阿尔菲·科恩（Alfie Kohn）在奖励和惩罚方面很有研究，也很有见地，他认为奖励和惩罚在短期内是有效的。但是，所有的教育工作者都要问问自己："到底是在哪些方面有效了？"再问问自己："有效的代价是什么？"如果老师想得长远一点，思

---

① 译注：用于罚时出局的房间，就是暂停学生活动、让其冷静反省的地方。

考一下自己对学生未来的生活有哪些期许，可能会希望所有的学生都能自力更生，有责任感，擅长处理人际关系，还有一颗爱心。奖励和惩罚只能让学生暂时地遵守规则。奖励和惩罚只是换来了服从（Kohn, 2006），却无助于培养一种内在的责任感。举个例子，假设你跟我们差不多，也不太喜欢倒垃圾。现在，想一下——如果每次倒垃圾的时候，都有人对你说："倒垃圾呀？干得好！"你会怎么样？会让你更有积极性吗？反正我们不会。有些时候，人们以为有些东西会有激励作用，但实际上并不是。

所有的行为都是一种表达

要知道所有的行为都是在表达些什么，这一点很重要。当学生表现出问题行为的时候，可以问问自己："这个学生可能在表达什么？"如果您已经绞尽了脑汁，猜到了学生可能需要什么，那就试试看能不能满足学生的需求。我（朱莉）就见过一位做得很好的助理教师。有个名叫海登的学生不停地拍打同学莎拉的后背，莎拉看上去很烦恼。这位助理教师没有武断地认为海登就是想惹人讨厌或想引起注意，而是把这种行为看成努力与朋友互动。助理教师小声地对海登说："你是想离莎拉近一点，和她说说话吗？想要和别人说话，有个办法，就是说'嗨'。"海登靠近了莎拉，说了声"嗨"，于是两个人就开始说话了。

想要搞清楚学生的行为是在表达什么，可以试试下列方法：

策略

- 直接询问。可以这样说："我看到你在（做什么），你希望让我知道什么呢？"或者"你撞头，肯定是在表达什么，是什么呢？"
- 观察分析。记录学生在出现问题行为之前和之后发生的事情，和团队成员一起分析学生通过该行为想要得到什么。
- 正向解读。最重要的是要考虑您是如何看待这个学生的。想想如何以最善意的动机解读当时的情况（Kohn, 2006）。要相信学生没有恶意，学生可能就是想让自己的需求得到满足，或者想表达什么东西。

还有一个例子，有位学生在走廊上撞到了老师，她的背包碰到了老师。老师弯下腰，对那个学生大喊："别再胡闹了！你再这样下去，会伤到人的！"陪着学生一起走的助理教师说："我觉得她不是故意撞你的，我刚才看到了，她一边走一边和朋友聊天，没看到你停下来了，她不是故意撞你的。"

这种情况可以从善意和恶意两个角度解读。如果以最善意的动机解读当时的情况，看到的可能就是正面的东西，而且很有可能更符合事实。抱着正面的态度，就可以进一步找到更人性化的方式处理问题行为。相反，如果以恶意或狭隘的心理解读这种行为，那就很容易以恶意或狭隘的心理处理这种行为。

您自己曾经失控过吗？您失控的时候需要什么？需要有人倾听吗？需要找人倾诉吗？您是不是不希望旁人给您什么建议，只是希望小睡一会儿或者一个人待一会儿？学生处在水深火热之中的时候，需要的常常是一个情绪平静的人给他关爱。他们需要的是一位让他们有安全感的、耐心而冷静的助理教师，可以温柔地为他们提供支持。

他们处在水深火热之中的时候——或者不仅是在这种时刻，而是永远，不想别人对他们视而不见，对他们大喊大叫。他们不想被敌视、讽刺，不想被公开羞辱，也不想被强制带离。学生情绪很激烈的时候，可以试试下面这些冷静的应对方式，这样可能会避免问题行为升级。

冷静应对学生激烈情绪的 9 种方式

1. 保持冷静，深呼吸。
2. 告诉学生："我就在这里陪着你。"
3. 问学生："现在有什么可以帮你的？"
4. 问问学生散散步或者喝点水会不会有帮助。
5. 让学生画出正在发生的事情。
6. 和学生一起画。对学生说："这个是你。你能帮我画得具体点吗？你脑袋里有什么？"或者"你现在在想什么，或者有什么感觉？"
7. 用幽默分散注意力。
8. 给学生布置一个任务："你能把这本书拿到图书馆吗？"
9. 告诉学生："我在这儿就是听你说话的，你可以告诉我你的感受。"

反思

危机迫近的时候，您需要什么支持来保持冷静和镇定？

压力的科学原理

学生出现问题行为，通常是在面对极大压力的时候，这些压力主要源于学业、情感或社交方面的需求没有得到满足。压力水平太高——不管学生还是成年人——会导致人体分泌皮质醇（cortisol），这是人体主要的压力荷尔蒙，与大脑一起控制情绪、动机和恐惧。我们可以把它想象成一个内置的警报系统，这个系统最出名的地方就是能够触发人类本能的反应，就是大家都知道的“战逃反应”（fight-or-flight）。一旦学生出现这种生理反应，外在表现就是我们常常看到的行为爆发和难以控制的行为。这些行为并不是学生在头脑清醒的情况下做的选择，而是在面对环境压力时的生理反应。

练习保持冷静

学生感到压力极大，因而表现出问题行为或者正在经历危机的时候，教育工作者应该以冷静、镇定的方式做出回应，并且还要保护学生的隐私，这是很重要的。

葆拉・克拉思（Paula Kluth, 2005）是我们的一位朋友，也是一位融合教育专家，她提出了下列建议：

> 学生连踢带咬、撞头、尖叫，很可能是因为痛苦、困惑、害怕或不舒服。这个时候，最有效、最人性化的反应是为她提供支持，以让她觉得舒服的方式行事，帮她放松下来，重获安全感。教育的事可以放到后面。出现危机的时候，教师必须倾听学生、支持学生，或者陪伴在学生身边。（p. 2）

其他学生表现如何

有助理教师提供支持的学生往往会受到更多苛责，有时候大家对残障学生在行为方面的要求反倒比其他学生更为严格。我们在教室里经常看到这种现象。比如，有一次，我们就听到一位老师告诉学生学习的时候要坐直，尽管这个时候教室里有两个学生在睡觉，还有一个在地板上爬。观察一下，在当时的情境中教师对其他学生的表现有何要求，对那些需要支持的学生的要求不能比其他学生的还高。

做学生的安全护栏

乔希·希普（2015）是一位作家、演讲家，自认为曾是问题少年，后来成为青少年倡导者。他曾谈到，学生出现问题行为时，教师应该稳住局面，这一点是很重要的。他用了一个很形象的比喻，就是过山车。他解释说，我们坐上过山车的时候所做的第一件事就是使劲摇一摇，以便测试安全压杠或压肩，之后过山车才会被启动。他说我们这样测试安全压杠的目的不是想要弄坏它，而是想确认它能保证我们的安全。他进一步解释说，学生出现问题行为时所做的事情，其实就是在测试我们，以便确认自己的安全是有保障的。

因此，下次学生用问题行为挑战您的时候，花点时间，想想过山车这个比喻。然后请您把自己想成这名学生的安全护栏，让他知道您一直在他身边，让他知道不管遇到什么困难，您都会一直稳如泰山。

不要觉得学生是针对您

作为特殊教育教师，我们处理过不少问题行为。最难做到的就是，不管什么事，都不要觉得他们是故意针对您。我（凯特）带过一名学生，这个学生特别擅长发现我的易怒点，然后就来激怒我（反正我是这么认为的）。不过，有人建议说要记住这种挑衅行为不是“针对你个人的”，这是我听过的最好的建议。我负责支持的学生都有问题行为。不管是不是我来教他们，他们都正在学习如何管理自己的行为。有时我会告诉自己：这不是针对我个人的。尽管这个学生刚刚骂我，但并不是针对我。有些学生的问题行为是残障造成的，他们只是需要学习新的技能、策略以及应对方法，我应该帮助他们减少问题行为、用积极行为代替问题行为。您不会因为学生不会认字而生气——因为您会认为这是残障造成的——同样，您也不应该对那些很难规范自己行为的学生生气。学生出现问题行为的时候，最好、最人性化的反应就是为他们提供明确的帮助和支持。

站在家长的角度思考

记住，每个学生都是别人的孩子。面对学生的问题行为的时候，把自己想象成深爱这个学生的人。想象一下，如果您是看着孩子从襁褓里慢慢长大的那个人，会是什么感觉，站在这个角度看，您会有什么反应？如果这是您的儿子、女儿、侄女或侄子，您会如何反应？如果您是站在爱和接纳的立场，就更有可能怀着仁心，以人性化的方式应对，而不是惩罚和控制学生。

帮助学生继续前行

刚刚经历过问题行为的大爆发，学生可能会感到难堪、疲惫，或者还没有摆脱负面情绪。帮助学生走出来是很重要的。问题行为爆发之后，应该让他知道危机已经结束，认可他的感受，然后帮他继续前行。表 8.3 列出的句子可以帮助您思考应该如何与学生交谈，帮助他们摆脱情绪危机，但是不要死记硬背，也不要反复说。最重要的是，和学生交流时，声音要平静、温柔。

> 不要补救过了头，超出了问题行为的严重程度。

要帮助学生修复、弥补。成年人犯了错误或发了脾气以后，首先需要做的就是修复、弥补。有一次，我（朱莉）在演讲的时候犯了一个错误，拿台下的一位观众当作例子。我当时没想到这会让那个人感到难堪，但后来得知确实让他难堪了，我感觉很难受，我必须弥补自己造成的伤害。于是我就写了一封道歉信。对于学生来说，在问题行为爆发之后写一封道歉信可能不是最好的方式，关键在于应该帮助学生想出可能的补救办法，让他行动起来。

解决方案应该与问题相匹配。例如，如果学生在发脾气的时候把书架上的书碰掉了，最好的解决办法就是让学生把书捡起来。如果学生撕毁了自己的作品，那么解决办法可能是让他要么把作品粘起来，要么重新再做一件。如果学生对同学大喊大叫，解决办法可能是让他写一封道歉信，画一张表示道歉的画，或者就说一句“对不起”。不要补救过了头，超出了问题行为的严重程度。重要的是应该让学生及时回去做事。

表 8.3　学生出现问题行为以后应该如何与其交流

向学生传递这样的信息	可以这样应对
危机已经结束	“都过去了。” “没事了。” 让学生把烦恼画出来，然后让他把画出的东西都划掉，这个动作象征着事情过去了。

续表

向学生传递这样的信息	可以这样应对
认可学生的感受	“有这种感觉是正常的。我知道这对你来说很难熬。” “现在都结束了。” “很难熬吧，我知道。” “看得出来你确实很苦恼，很生气，很难过。” 画一幅画，里面是这名学生，再在他旁边画个泡泡，里面写上他的想法。请学生帮您搞清楚他的想法和感受。
现在可以继续前行	“我们现在需要什么？” “我该怎么帮你继续学习呢？” “你想休息一会儿，然后重新振作起来吗？” “你现在想马上回去学习吗？” “你需要什么，画出来给我看看吧。”

让学生成为解决问题的人

学生失控的时候，老师经常想到的就是有没有什么行为管理方案，能让学生遵守课堂规则，这样就能做些什么来扭转局面。不过，与其对他们做点什么，不如和他们一起做点什么。接下来要说的，是我们最喜欢的、和学生一起解决问题的方法。注意，这不是要求您来主导这个过程，不过，可能需要您在解决问题的过程中成为学生团队的重要成员。

解决问题、争取成功

教育学者、作家阿尔菲·科恩表示：“对于困扰我们的事情，我们的应对方式——是对他们采取什么措施，还是与他们一起合作——可能反映了我们的思维方式。”（p. 23）老师与学生一起合作，可以让学生学会解决问题。这个过程并不容易。首先，想要解决学生的问题行为，必须把对学生的关心和爱护始终放在最重要的位置。要做到这一点，我们建议成立一支由教育工作者、学生家人和朋友组成的团队，这些人可以为学生提供支持，也关心学生是否能够取得进步。一旦团队成立，就应该询问学生，了解他的长处、困难，还要了解在某些情况下，他需要什么才能取得进步。解决问题不是要盯着问题行为，力图将其消灭。相反，应该专注于为学生提供机会，让学生感觉到自己是被接纳的，让他有归属感和成就感，感觉自己有能力、有力量，与此同时减少问题行为。

反思

您如何支持学生成为解决问题的人，并且帮助他们争取成功？
您需要召集哪些人组建团队？

保持一致

执行行为计划的时候，重要的是要保证直接接触这名学生的所有成员都应该以同样的方式执行这一计划。作为助理教师，您需要经常和学生同进同出，这可能意味着您将执行部分或全部行为计划。重要的是，您要抽出时间与特殊教育教师、行为专家或行为计划团队的主要成员见面研讨，这样才能确切地知道如何实施这个计划，在需要的时候可以到哪里、找谁寻求支持。为了在执行行为计划的时候保持一致，您可以按照下列步骤操作，也可以建议团队照此操作：

- 为学生制作一个清单，列出行为计划中的所有要点（您可以主动承担这项工作）。
- 保证每一位为学生提供支持的成年人都有一份行为计划。
- 选定一段时间，收集行为数据，找出这份计划中您或其他人可能没有统一执行的部分。分析没有统一执行的原因。
- 发现不一致的地方之后，确定应该如何恢复一致。

策略

表 8.4 是一个团队计划样例，除此之外我们还提供了一个模板，帮助团队成员互相对照检查，保证统一执行行为计划。

表 8.4　保持一致

支持计划	你们保持一致了吗？	注意
每天使用可视化日程表。		
在每种环境中都使用迷你日程表。		
结束一项活动，开始下一项活动的时候，提前 2 分钟告知学生。		

续表

支持计划	你们保持一致了吗？	注意
每次休息时间都使用计时器。		
准备好快速沟通卡，以便随时随地使用。		
每天安排三次运动时间。		
使用可以提示活动转换的物品（如计划表、走廊通行证[①]）		

有关行为支持，最常见的问题

常见问题

问：如果学生没有受到惩罚，他将来还会不会这么做？

答：我们不赞成施加惩罚。事实上，关于罚时出局和惩罚的使用，研究者们已经做了很多研究。研究显示，惩罚只会在短期内起到作用，但对学生有长期的负面影响（Kohn, 2006）。

问：我有个学生只攻击成年人，不攻击同龄人。这说明了什么？

答：这种表现通常说明为他提供的支持在类型或强度方面存在问题。有些助理教师或教师提供的支持不对，会让学生感觉自己和别人格格不入，或者让学生不舒服，学生攻击的常常就是这些人。例如，我（朱莉）就看到过，有个 12 岁的女孩对助理教师很有敌意。我注意到这名助理教师是坐在女孩旁边为她提供密集支持的。这位助理教师还使用了一种叫作"蜘蛛"的技术（将一只手放到学生的后脑勺上），这种做法的本意是缓解学生的焦虑。可是女孩对这种类型和力度的支持感到很难堪，也很不舒服。助理教师从女孩身边离开以后，女孩对她的敌意就消失了。

问：他们让我为学生提供广泛性支持，还告诉我永远不要离开学生。可我知道这会让学生很难堪。我该怎么办呢？

答：如果团队认为这种类型的支持是合适的，您就必须照做。不过，如果您认为这种支持对学生没有帮助，那就和团队成员一起讨论什么时候可以开始慢慢撤出

① 译注：学生在上课时间需要离开教室时，需要老师签发通行证，以证明他们有理由在走廊上停留。

这种支持。可以这样问："对这个学生来说，慢慢撤出支持会是什么样子？"或者"还有其他类型的支持可以帮助学生取得进步吗？如果有，是什么样的支持？"

问：如果这名学生干扰了其他学生，他应该离开教室吗？

答：离开教室肯定是最后的选择。试试其他不需要离开现场的支持方式。为什么要帮助学生留在现场，本章已经解释过其中的原因。如果学生每次发出噪声都要离开，那么这个学生就会觉得，他是否属于这个集体，取决于他能否保持安静或表现良好。当然了，老师也要考虑到其他学生，但是如果融合做得很好，那么所有的学生都会明白这名学生就是可能会发出噪声，但他正在努力解决这个问题，就像其他学生可能也在努力提高其他方面的能力一样。给学生机会，再让他们了解一些信息，绝大多数学生都会很耐心，让您惊喜。

本章小结

教师和助理教师如何制订行为支持计划，如何提供支持资源，如何应对问题行为，决定了学生能否取得进步。所有的行为都是一种表达，所有的人都需要爱心和耐心，请记住这一点，这将有助于您为学生提供有效的支持。我们知道，为有问题行为的学生提供支持并不容易，因此，本书最后一章的重点就是如何关心自己，这样才能有精力和能力为所有学生提供最好的照顾。

待办事项

待办事项

看完这一章后……

- 完成本章反思部分的要求。
- 拿出 5 分钟时间，重新写出某位学生的特点。
  - 这位学生有哪些长处、天赋和才能？
  - 他出现某些行为的原因可能是什么？
- 为了帮助某位正在经历困难的学生建立信心，您能做些什么，挑一件今天就能做的事，写下来；为了能让学生安心，您能做些什么，也挑一件，写下来。尽快付诸实践。
- 发明属于您自己的"魔法咒语"，就像本章开头提到的"魔法咒语"一样。

第九章　尊重和支持学生独立自主

大一那年，我觉得班上每个同学都有老师，只有我没有，我有的不是老师，是帮手。我想更独立一些（助理教师不要总跟着我），因此我的父母帮我争取了。助理教师的工作也轻松多了，她只在我需要的时候才帮我，不是一直帮我做事。如果我能给助理教师提个建议的话，那就是应该相信自己的学生。我觉得我就是希望我的老师和同学能像我父母那样看待我——独立、坚强。

——尼克（学生）

我们不需要魔法改变世界，我们体内已经有了所需的力量。

—J.K. 罗琳

（J. K. Rowling）

在本书第六至第八章里，我们讨论了为学生提供学业、社交、行为支持的不同策略。本章将以这些策略为基础，帮助助理教师学习如何慢慢撤出支持，同时提高学生的自信心、独立性及抗挫折能力。本章将会为您介绍一些策略方法、数字化资源及临时支持形式，还有可供您和学生及团队成员一起重复使用的工具、模板，除此之外，结尾处，我们还将回答相关领域的常见问题。

学生独立的重要性

写作本书的过程中，我们意识到，谨慎、细致地慢慢撤出支持，有意识地培养学生的独立性，这个议题非常重要，足以占据一整章的篇幅。在学校里，我们观察到许多在这方面考虑极其周密的助理教师。研究显示，如果为学生提供的支持有效，教师、学生、家长和管理人员都会发现助理教师的工作成效：支持残障学生的融合（Logan, 2006），促进学生参与课堂活动，提高学生的学习效果，增加学生与同学的

小测

为什么助理教师应该努力培养学生的独立性？列出三个有研究数据支持的理由。

社交互动，减少学生的问题行为（Angelides, Constantinou & Leigh, 2009; Chopra & Giangreco, 2019; Webster et al., 2010）。

然而，我们也经常观察到一些助理教师并没有什么工具能帮他们谨慎、细致地慢慢撤出支持，我们和这些助理教师谈过这个问题。如果没有这些工具，就会导致过度支持，而过度支持会对学生的社交、情感和学业方面产生极大的影响。在这方面已有很明确的研究结果。助理教师的过度支持会妨碍学生融入课堂教学活动，还会导致学生与老师和同学之间的互动减少（Cameron, 2014; Webster, Russell & Blatchford, 2015）。如果残障学生从助理教师那里得到了太多的支持，就不太可能独立做事，也不太可能与同学进行社交互动，更不太可能为同学的学习提供支持。（Symes & Humphrey, 2012）。

因此，我们希望这里提供的工具和策略能够让您慢慢撤出支持，为学生提供更多机会，让他们取得进步。

如何慢慢撤出成年人的支持

对于所有学生来说，我们作为教育工作者的目标都是一样的，那就是每天都要努力帮助他们尽可能地独立自主，尽可能地互相帮助。给学生提供的支持过多，或者提供的支持给学生带来不必要的干扰，都会对学生造成负面影响，包括导致学生与同学的疏远和对成年人的过度依赖。助理教师能否有意识地慢慢撤出支持，是决定学生在校这一天是否成功的关键。

给学生提供辅助之前应该怎么做

学生独立自主和互相帮助是非常重要的，因此我们建议您先完成下列 6 个步骤，之后再考虑要不要给学生提供辅助——不管是口语的、手势的，还是其他的。

1. 一定要保证让全班同学都觉得您是来为所有学生提供帮助的。

2. 三思而后帮。学生自己能不能搞定这个任务？

3. 给学生时间。多给点时间会有帮助吗？有些学生就是需要时间处理这些信息而已。

4. 您在安排材料的时候能不能想个办法让学生不需要辅助就能使用这些材料？用颜色标记？编号？做出适当改动？或者做个材料清单？

5. 您能想出一个让学生自我监督的机制吗?

6. 您能为每位学生都安排一个同伴为其提供支持吗（如“所有同学，和同桌互相检查一下，看看你翻开的那页对不对”）?

提供无声的支持

接受辅助服务并不总是一件让人舒服的事情，有时候辅助会让学生感到耻辱，而且还有可能分散其他学生的注意力。因此，可以考虑一下为学生提供无声的支持，这样就不会对学生产生听觉上的干扰。这种支持可能很简单，如给学生写张纸条，可以这样写:“如果你需要帮助才能进入状态，就来找我。”然后走开，找一个学生容易发现您的地方，或者可以对全班同学说:“如果完成这个任务的时候需要帮助，就来找我。”这样学生就会知道，需要帮助的时候可以找您，这个策略可能对班上所有学生都有好处。

策略

提供无形或无声支持的 20 种方法

1. 将要求的重点标记出来。如果作业或实验很复杂或量很大，可以使用荧光笔标记重点，帮助学生轻松识别关键要求。

2. 记下来。如果老师给出的是口头指令，可以把指令写在纸条上交给学生（如“翻到第 421 页”）。

3. 制作一张清单。制作一张清单，上面列出书面指令，让学生遵照执行（比如: 1. 与同学一起阅读; 2. 回答问题，找另一位同学对照答案）。

4. 给出示范。例如，在布置课堂任务之前，先讲一道类似的数学题，把解题步骤和正确答案写在作业单的最上面。

5. 给学生找一个同伴。例如，可以说:“克莱尔，如果哈维尔需要的话，你能帮他把外套的拉链对齐吗?”

6. 提前制作材料。例如，将讲课时涉及的关键词列出来，写在一张纸上，再把解释也写上，或者事先把材料整理好，这样学生就不需要自己整理了。

7. 减少工作量。例如，如果您知道学生可以独立完成三道题，那就只让他完成三道即可，不用完成五道。

8. 使用辅助技术。例如，使用共享文档，在上面打出评价意见，或者使用聊天软件与学生交流，这样就可以不断地为学生提供反馈和支持，而不被其他同学或成年人发现。

9. “问了三位同学（没有解决），再来问我。”如果学生向您或其他老师求助，先让他向同学求助，问了三位同学还没解决再来找您或其他老师，把这种做法在班级推广，变成所有学生都要遵守的规则。

10. 在教室巡回走动。不要坐在学生旁边，而是巡回走动，这样就可以随时为所有学生提供支持。

11. 提供“间歇性”支持。意思是说您先在其他学生身边停留，看看他们是否需要支持，之后再去您负责支持的学生身边看看他是否需要支持。然后，重复这个过程。

12. 使用便利贴或书签。提前标记学生需要打开的课本页码。

13. 为讨论做好准备。例如，有些学生需要的支持比较复杂，或者还在学习相关技能，那就提前为他们写下几个问题或评论发言，这样，学生在课堂讨论中就可以提出这些问题或分享这些评论发言。

14. 提供用于指读的工具。给学生一个工具，让他们可以在自主阅读或与全班一起阅读时用来指读。

15. 无声地过渡转换。在您的手机上设置计时器或秒表，让学生知道什么时候需要结束一项任务，开始下一项任务，或者上下一节课。

16. 请同学当同伴。给每位学生都安排一位同行伙伴，两个人可以一起上下课。

17. 文本支持。通过手机短信或记事本为学生提供支持。

18. 书签。在学生的笔记本电脑上设置书签，这样他们就可以很容易地找到经常使用的网站（如电子邮箱、线上教室、教育视频的网站）。

19. 简化。如果指令或措辞很复杂、不易懂，或者老师说得太快，那就用简单的语言写下来。

20. 引导。制作思维导图或使用其他指导模板，帮助学生梳理课程要点。

反思

您认为哪些无声的支持对您负责支持的学生帮助最大，将重点标记出来。

哪些支持是您自己就能做到的？

哪些支持是需要和老师一起讨论的？

使用数字化支持提高学生独立性

使用数字化支持提高学生独立性，是最有效也最合适的方法了。这些工具都是学生经常使用的，因此可以非常自然地融入课堂，为学生提供密切的支持。

点读笔

这种笔会发出电子合成的模拟人声，学生可以用来点读数字化文本。点读笔有各种各样的品牌，很多都配有耳机，这样学生就可以自己听声音。点读笔中还有内置字典，可以显示词的含义，还可以读出这些词。

谷歌支持的读写工具

Read&Write 读写工具

这是一款谷歌浏览器的扩展程序，通过同步高亮显示将文本转成语音，还能提供有声字典及与网站一起使用的图片字典。Read&Write 读写工具还能在可以使用文本转语音工具和注释工具的新窗口中打开 PDF 文档。

谷歌文档

这是一款免费的文字处理器，可以为学生提示词语，也可以提供拼写和语法支持，还有听写、语音打字、屏幕放大镜的功能，可以与老师、同学及家人分享自己所记下的事情，并获得反馈和支持。谷歌文档与屏幕阅读器和盲文显示器完全兼容。

谷歌记事本

这是一款记事用的应用程序，可以让学生通过文字、音频、图像及清单等形式记笔记，还可以让学生选择不同颜色标记这些笔记。

用于组织整理的应用程序

可以帮助学生制作待办事项清单，设置提醒，使用 iHomework、Todoist、Priorities 等程序，还能设置重复性任务。

阶梯式辅助

假设您一看到图 9.1 中的梯子就非常恐高。这里的窍门就是要从最下面的一层（干扰程度最低的支持）开始，只有在必要的时候才向上移动（干扰程度逐渐提高)，然后尽快返回。例如，罗莎正上七年级，她很难适应两节课之间的快速转换。梯子最下面的两级是无形 / 实物提示（打铃声）和自然提示（其他学生站起来开始移动)。可是，罗莎对这些提示没有反应，仍然坐在座位上。助理教师试着多给她一点时间（再往上升一级)，但是罗莎仍然没有站起来。助理教师决定，接下来使用手势辅助（再往上升一级)。罗莎抬起头来，助理教师微笑着指指门。这种辅助也没作用。于是，助理教师使用了间接口语辅助，她问道："罗莎，其他同学都在干什么呀？" 罗莎看了看周围，站起身来，收拾自己的东西，准备下一节课。于是助理教师记住了她需要间接口语辅助。第二天，助理教师还会使用同样的阶梯式辅助，不过还是从最下面一层的无形 / 实物提示开始，只在必要的时候才向上升级。之后的每一天，助理教师都会从最下面开始。

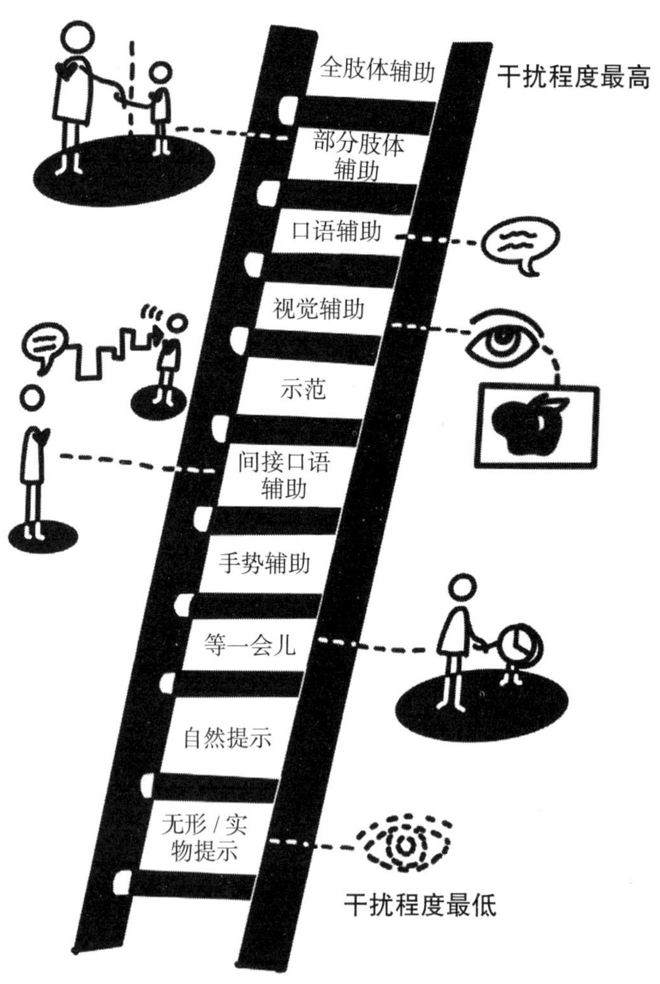

图 9.1 阶梯式辅助

反思

想想自己负责支持的某位学生。想想他在哪些方面有困难，以其中一项需要提高的技能为例（如迅速开始做事、排队、坐在地毯上参加圆圈游戏活动），想一想您一般都使用哪些类型的提示？假设您将自己给学生的回应录了下来，之后回看了视频，了解了自己提供了哪些类型的支持、支持达到了什么力度。您昨天是怎么做的？明天准备怎么做呢？回到梯子的最下层，然后慢慢往上升，只有当学生的表现证实他们确实需要进一步的支持时，才使用上一级的提示，这些您能做到吗？

提高学生独立性

学校教育的一个重要部分就是让学生更加独立，最终能够长大成人，承担更多的角色和责任。学生从小学到初中，再到高中，我们希望他们对自己的学习承担越来越多的责任，要求他们越来越独立，还要求他们开始规划自己的未来，自己做决定。培养学生的独立性，涉及很多关键技能，接下来我们就会介绍这些技能，之后还会介绍如何帮助学生学习这些技能。

小测

在空白处按顺序填上不同的辅助类型。

自我决定

自我决定，指的是有能力、有机会为自己的生活做出自己的决定。在教育中，最好的做法就是帮学生学会必要的技能，为学生提供必要的机会，让他们在自己的学习和未来规划中发挥主导作用。研究显示，能够自主做出决定的残障学生在学业上更成功，参与自己的教育计划更积极——如个别化教育计划会议、504 计划会议及转衔过渡会议——高中毕业之后，在就业、教育及生活自理方面也更成功（Test et al., 2009）。为了提高学生的自我决定能力，应该让学生从小学时期就开始学习这些技能，并且逐渐给他们增加实践机会，一直到高中毕业。

自我意识和自我认知

有自我意识和自我认知能力的学生能够判断并且向他人表达自己有哪些喜好、长处、技能、能力、困难和需求。有了自我意识和自我认知，学生就可以利用这些认知改善自己的学习和生活。因此，学生应该学着了解自己怎样学习、沟通效果最好，需要怎样的支持才能取得进步，并且向他人表达这些想法。

自我倡导

定义

自我倡导，指的是有能力、有信心为自己争取权益，为了达到目标争取自己需要的东西。如果学生能够在老师、同学、家人和社群成员面前为自己争取权益，就会得到更多的理解、更好的支持，得到更多的机会去实现自己的目标。

教授独立技能

本章讨论的很多独立技能，学生都无法仅靠自己学会。实际上，学生需要花很多年的时间才能发展和有效地使用这些技能——而且有很多成年人也难以掌握其中某些技能。作为一名助理教师，您有其他人都不具备的机会，可以在学校里实施不同的策略帮助学生学习、练习这些技能，并且得到相关反馈。以下所有策略都能帮助学生更加自主、自立和自信。

教授自我决定技能的策略

策略

- 日常生活中，有些事情是学生可以自己拿主意的，可以就这些事情和学生讨论。给学生举例子，如自己决定如何完成学习任务，或者自己决定和谁一起吃午饭。
- 给学生示范决策过程。例如，您想示范在图书馆如何选书，就可以把这个模拟过程说出来。
- 帮助学生设定可以在短时间内达成的小目标。例如，给小学生设定的目标可以是在睡觉前给妹妹读一本儿童读物。给年龄大一点的学生设定的目标，就可以是在周末给朋友发短信，或者在英语课上完成一定页数的阅读任务。

• 鼓励学生在组织整理和做事习惯方面设定目标。例如，您可以帮助学生设定这样的目标：保持储物柜或书包里的东西整齐有序、井井有条。您还可以帮助学生设定这样的目标：每天放学的时候都找您一起核对自己的家庭作业或作业备忘录，这样就知道当天晚上需要做什么家庭作业。
• 和学生面谈，回顾个别化教育计划团队为学生设定的目标。定期讨论学生在各个方面取得的进步。

教授自我意识和自我认知技能的策略

• 定期和学生讨论他们的长处、技能和需求。
• 询问学生有哪些喜好、兴趣和技能，因为这可能与课堂上的某些活动或教学单元有关。
• 请老师提供一份兴趣、技能和喜好调查表或一份学习风格调查表，和学生一起填写。
• 指导学生或要求他们自己制作一个闪光点小档案，其中包括自己的长处、技能、喜好和需求。

教授自我倡导技能的策略

• 鼓励学生在需要时向同学或老师寻求帮助。
• 鼓励学生在班上使用“问了三位同学（没有解决），再来问我”的方法，先问三位同学（没有解决），再问您或老师。
• 请老师与学生一起完成自我倡导调查表，就学生想要发展或提高哪些自我倡导技能展开讨论。
• 鼓励学生随时表达喜好，发表意见，提出需求，申请合理便利。例如，如果老师忘记给学生延长作业时间——这是学生应该得到的合理便利——那就鼓励学生问问老师。在课间休息时，如果学生在操场上有想玩的游戏，帮助他们向他人表达自己的想法。

利用数字化资源教授独立技能

• 自我决定技能门户：www.ngsd.org
• 转衔技术支持中心：https:// transitionta.org
• 范德比尔特大学 IRIS[①]中心：https://iris.peabody.vanderbilt.edu

① 译注：IRIS，全称为 Innovative Resources for Instructional Success，译作成功教育创新资源。

互相帮助的价值

我们已经介绍了很多旨在帮助学生提高独立性的教学策略和理念，不过在这里还是想强调独立自主和互相帮助之间的联系。只有在集体的支持下，我们才能实现自己的目标。例如，本书作者在写作上就相互支持；涉及找工作、买房子或生孩子等人生重大决策的时候，我们还会寻求家人的支持；涉及汽车保养、修理水暖管道、税收申报及其他服务的时候，我们会依靠他人帮助，没有这些服务我们很难生存。我们肯定还会依靠手机、电脑和 GPS 等辅助技术完成必要工作和日常任务。当然了，依靠别人、获得支持还有另外一面——别人也要依靠您！想想需要依靠您的家人、朋友，还有需要依靠您的学生和同事。

> 只有在集体的支持下，我们才能实现自己的目标。

反思

对您来说，互相帮助是什么样子的？在您自己的生活中，您会向谁寻求支持、如何寻求支持？您对这种支持有多重视？

我们都是互相帮助、互相依靠的，这是您要向学生强调的一个重要思想。研究显示，如果家庭、教育工作者及学生认为大家应该互相帮助，并且制订计划促进残障学生与人互相帮助，这些学生就会有更多的机会在支持下参与决定自己的生活，这就可以帮助他们长大成人（MacLeod, 2017）。在麦克劳德的研究中，有位学生曾经这样解释自己为什么因掌握了互相帮助的技能而感到自豪："嗯，我是喜欢'独立'这个词，但是有些事情我还是需要寻求帮助，我也有能力寻求帮助。"（p. 202）这证明了这位学生可以有效地使用自己掌握的自我决定和自我倡导的技能——这正是我们在本章开头重点强调的两项非常重要的技能。

> 我认为集体是自我倡导的基础。
>
> ——一位残障学生的父亲

有些学生需要的支持比其他学生多。例如，有些学生在工作、银行业务、购买食品、住房事务，甚至个人关系等生活的各个方面都需要支持。可是，要知道实现独立不是个人行为。有些学生需要很多支持，对于他们来说，重要的是有人能帮助他们感受到自己有能力，有很多机会自主选择，同时在集体的支持下过好自己的生活。只有这样，我们才能摆脱这种错误的观念——实现独立是学生的唯一目标。相反，我们可以帮助很多学生互相帮助、互相依靠，这个目标更加实在，也更加现实。

培养学生的抗挫折能力

助理教师在努力撤出贴身支持、提高学生独立性、促进学生互相帮助的过程中，常常有必要帮助学生学习社交和情感技能，这将有助于培养他们的抗挫折能力，帮助他们面对生活中最艰难的挑战。很多教育专业人士认为，自尊是培养学生抗挫折能力的关键，但是，研究显示，自我关爱其实是更有力量的工具（Neff, 2003）。如果学生能够学会更加关爱自己，就能更好地面对失败和过失，处理不自信的问题。

培养抗挫折能力与自我关爱能力的策略

策略

下面我们将介绍三种策略，帮助学生提高几种重要的抗挫折能力与自我关爱能力，如怎样善待自己、理解大家其实都一样、练习正念，这些技能将会帮助学生在提高独立性的过程中取得更大的进步。

善待自己

如果您发现学生正在经历困难时刻，或者注意到他们很不自信，可以建议他们把自己经历的事情和内心的感受说出来、写下来或画出来。一定要保证给学生一些提示词，如“我觉得很泄气……”“我觉得很失望，因为……”或者“事情跟我希望的不一样”，如果用语言表达对他们来说太过困难的话，还可以给他们提供一个可视化感受量表，帮助他们识别自己的情绪。之后，等到学生表达完了，问问他，如果是自己最好的朋友碰到困难，他会怎样帮助朋友？会对朋友说些什么？会为朋友做些什么？如果这个概念对学生来说不好理解，那还可以拿您自己生活中碰到的事举例。例如，可以跟学生说说您曾经感到失望的时刻，再说说自己当时多么希望最好的朋友能陪自己渡过难关。学生需要练习以友善的方式对待自己，练习得越多，面对困难、失望或痛苦的时候，抗挫折能力就越强。

大家其实都一样

您要帮助学生理解，在生活中，我们每个人都会感到失望，无论是对我们自己还是对我们所处的环境，我们每个人都会面对很多困难，无论是来自我们自己还是来自我们所处的环境，以此帮助学生提高抗挫折能力和自我关爱的能力。也许他们这次小测验没有过，或者在交朋友方面有困难，抑或学认字还是有困难，但是，并不是只有他们才有这种感觉或者有过这种经历。

正念

正念练习，指的是一种察觉自己的情绪、想法及周围环境的练习。帮助学生学习如何练习正念，可以帮助他们面对不确定性，克服困难或挑战。研究证明，正念练习有助于提高注意力，缓解压力，提高同理和同情的能力，帮助我们更好地调节情绪和行为。我们可以将正念练习正式引入学校课堂，也可以只教学生一些简单的基本练习。例如，教学生做 1 到 2 分钟的呼吸练习，让他们把注意力集中在自己的呼吸上，和他们一起练习。学生专注于自己的呼吸时，注意力会更加集中，还能学会自己调节负面情绪、缓解焦虑和压力。还有一个简单的方法，就是让学生用拇指慢慢地触摸每个指尖几次。随着正念练习及其相关研究的兴起，很多很好的工具也相应出现，如手机或平板电脑上的正念应用程序和呼吸应用程序。您还可以在网上搜索专门为这个年纪的学生设计的正念练习视频。这些简单的练习可以帮助学生认识到，这些想法、感受、压力和焦虑并不能决定他们是什么样的人，也不能决定他们会成为什么样的人。

最后，花点时间，想一想自己怎么才能成为一个榜样，给学生示范如何关爱自己，提高抗挫折能力。我们从最新的研究中了解到，练习自我关爱和正念的教育工作者感觉自己的压力水平更低，与学生的联系更密切，对自己的工作更满意。

反思

- 您对学生用过类似自我关爱和正念练习的策略吗？对自己用过这些策略吗？
- 您会如何介绍提高学生抗挫折能力的策略呢？
- 在一天中的哪些时段 / 哪些活动中与学生一起练习这些策略最有意义？
- 您会为了自己实施哪些策略呢？

临时支持形式

即便我们做了周密的计划、精心准备了无声的支持，想要帮助学生提高独立性，实际应用的时候也有可能会出差错，那一刻，您会发觉自己手忙脚乱想要做点补救。想象一下这个场景：为了这一天的教学，您费了好大工夫把一张数学作业单做了适当改动，在上面列出了所有题目的例题，还把英语课文的电子文档提前下载到了学生的平板电脑里，除此之外，还为科学实验内容做了一个简化的思维导图。可是，您早上到了学校才发现，出了点意外，因为一个集会，课程安排临时发生了变化。所有老师都把课调到了第二天，今天只上能快速完成的补充课，而您对此毫不知情。于是，您手忙脚乱，重新提供各种各样的支持——不但有行为支持还有学业支持！这种时候，您就需要一个临时支持清单，还需要一些匆忙中可以使用的工具。请注意，临时支持并不完美，但是在关键时刻可以为学生提供他们急需的资源。表 9.1 列出了一些临时支持形式，还列出了有助于快速实施的工具和技巧。

表 9.1　临时支持及其实施建议

学业困难	临时学业支持	实施建议
作业单看起来太密了、太挤了。	把纸剪开，把各个部分分开，尽量不要让页面过挤。	使用老师桌上的剪刀。
无法独立完成该项任务。	提供同伴支持或小组支持。	悄悄问老师，他是否可以考虑让学生合作或分组进行活动，因为您没有时间提前准备专门为学生改编的文本。
概念太过复杂难懂。	使用视觉支持，提供更加具体的解释。	如果文本中对某种东西或观点描述得太过抽象，可以使用平板电脑、笔记本电脑或智能手机查找相关图像。直接在设备上给学生看，或者在老师的办公室（或其他能用打印机的地方）打印出来。
不同概念之间的联系 / 关系不够清楚。	在作业单或文本中绘制箭头，用来表示哪些概念是相互关联的。 再拿一张纸，把这些关系写出来 / 画出来。	找一支铅笔、一支钢笔和一张纸。如果您想确认自己写的 / 画的是准确的，可以与老师核对。

续表

学业困难	临时学业支持	实施建议
所需阅读水平太高。	如果是历史文本，可以使用笔记本电脑或平板电脑在 BookShare 网站上找到改编版本。 如果是小说，拿出学习指南（如 CliffsNotes①）。 在 Newsela 网站上找到一篇类似的文章，以更符合学生阅读水平的方式阐述相同的内容。	如果您或学生身边没有平板电脑或笔记本电脑，看看能不能从普通教育教师、特殊教育教师、图书管理员或学校管理人员那里借一个。
数学题太过复杂。	快速改写题目或题目说明，使学生能够完成符合其水平的数学运算（如使用计算器完成乘除法、做整数乘法而不是分数乘法、写出求体积所需的步骤）。	如果可能的话，在老师给出指令的同时完成改写工作。
问题太过复杂，或者是开放性的，学生无从下手。	把开放性问题变成选择题或是非题。	如果老师是口头提问，把改写的问题及可能的选项都写下来。 如果这些问题是写在作业里或作业单上，可以直接在纸上改，或把改写的问题写在一张纸（或提示卡）上，盖在原题上面。
行为困难	**临时行为支持**	**实施建议**
日常规律发生变化，学生感到焦虑不安。	把新的日程表写出来，让学生熟悉，也可以使用手机或平板电脑上的可视化日程表应用程序，快速为学生创建一个新的日程表。	一定要保证新的日程表中包括时间和课程 / 活动。
学生起身离开座位。	悄悄问学生在这段时间是否想要灵活就座。	将乐谱架当作站立式书桌，或使用带夹子的写字板，可以让学生边走边写。
学生沉浸在自己的世界里，对于您提示他加入活动毫无反应。	首先，一定要保证学生可以使用平时常用的沟通支持。 招募一名可靠、可信的同伴帮助学生参与活动。 给学生写张小纸条，问他：“我能帮什么忙？”	如果要为学生找个同伴，可以这样问：“杰里米需要一点儿鼓励才能进入状态，你能过去请他和你一起完成这个任务吗？”

① 译注：CliffsNotes 是一系列学习指南，主要提供文学作品的摘要和分析，以帮助学生更好地理解和学习这些作品。

续表

行为困难	临时行为支持	实施建议
学生和您争吵。	停下来，深呼吸。然后想一想您能用幽默的方式或其他活动转移学生的注意力吗？ 如果学生很难过，可以说："看得出来你很沮丧，能告诉我你需要什么吗？" 如果学生无法用语言表达，问问他能否画出自己的感受。 如果某人或某事违反了学校或班级的规定，查看并遵守与学生的协议。	第八章介绍了更多应对问题行为的策略，您在提供支持时可以使用。

活动：为学生提供支持

活动

仔细观察学生每天（从您、老师、同学及其他专业人员那里）得到的各种支持。使用数据收集表（如图 9.2）具体记录。在"课程 / 科目和活动"一栏，描述课程、活动的具体内容，再写上对学生的要求和期望。在"当前提供的支持类型"一栏，填写目前使用的支持类型，再详细介绍这种支持看起来 / 听起来是什么样子的。在"如何慢慢撤出支持"一栏，填写撤出支持可以用的具体策略。我们给出了一个具体例子，为您填写相关内容提供一些灵感。

跟踪记录了一整天的支持数据之后，我们希望您仔细看看，干扰程度较高的支持形式——如全肢体辅助或部分肢体辅助、示范、直接和间接口语辅助——有多少。考虑一下，如何开始撤出这些干扰程度较高的支持，转而提供更多的手势支持，自然提示（如来自同学、老师的提示），无形支持（如材料、环境方面的支持），或者给学生多点时间。也许您还可以在数学活动中减少贴身支持，这样学生就有机会获得来自数学材料、同学和老师的支持。或者，您还可以制作适合学生阅读水平的阅读材料以此为老师提供支持，这样您就不必给学生朗读了，学生就得到了自主学习的机会。对学生来说，接下来的步骤也可以很简单，先是撤出帮助他开始任务的口头提示，再到撤出手势提示。考虑完这些之后，一定要抽出时间与教育团队开个会，说出自己的想法。与团队成员讨论如何慢慢撤出支持的时候，可以从下列问题开始讨论。

课程 / 科目和活动	当前提供的支持类型	如何慢慢撤出支持
实例：英语课 老师要求学生把作业拿出来，老师开始带领学生一起写作业。	实例：间接口语辅助 助理教师问："你的作业在哪里？"学生把手伸进书包，拿出家庭作业文件夹，从里面拿出英语作业。	助理教师可以多等一会儿，并且利用自然提示——周围的学生都拿出自己的作业——让目标学生照做。如果这样做不管用，助理教师还可以使用无形支持，给学生写一张纸条："英语作业在蓝色文件夹里。"

图 9.2　支持类型数据收集表

团队讨论如何撤出支持

1. 在哪些活动、日常事务或时间段，绝对有必要待在学生身边？

2. 给学生机会让他自己选择（在什么活动中）用什么支持形式，多久用一次？

3. 学生在需要成年人支持的时候，是否有可能逐渐变得独立（学生独立完成）或学会互相帮助（在同伴支持下完成）？

4. 在当下环境里有哪些自然支持？周围人能提供更多的自然支持吗？

5. 在课堂结构、日程表或课程内容方面做出哪些改动，可能会有助于提高这名学生的独立性或促进他与同学互相帮助？

6. 给学生自我倡导的机会，让他自己表达（在什么活动中）需要多久一次的支持（如“我需要……”）。

7. 降低成年人的支持力度，可以采取哪五个步骤？

讨论之后，制订一个具体计划，尝试每天都使用干扰程度较低的支持形式。

有关提高学生独立性、慢慢撤出支持，最常见的问题

常见问题

问：如果我的学生因为肢体残障需要干扰程度较高的支持形式，该怎么办呢？

答：对有些学生来说确实是这样的。不过，我们鼓励您与团队成员一起使用数据跟踪和规划工具，这样就可以尽可能地发现各种各样使用同伴支持、无形支持及实物支持的方法。对有些学生来说，独立不是目标——与同伴互相帮助才是目标。

问：如果我只鼓励自然提示、同伴支持及实物支持，那我就没有多少事儿可做了。我应该对团队说什么呢？

答：与团队一起合作，搞清楚应该做些什么来为学生提供间接帮助。例如，您可以为下一节课准备材料，也可以为教室里其他学生提供直接支持，还可以坐在办公桌旁边，学生需要的时候可以来找您。

问：如果我不待在我负责支持的学生身边，我担心校长会认为我没有做好我的工作。我该如何处理这个问题？

答：一定要保证校长看过并且明白您和整个团队一起制订的撤出支持计划。重要的是要向管理人员、相关教师以工作人员表达清楚，针对这名学生制订的目标就是慢慢撤出支持、促进同学间的互相帮助。

问：和我一起工作的老师希望我一直坐在我负责支持的学生旁边，我该如何与他沟通，让他明白这可能会干扰学生？

答：把这一章给老师看看，邀请他与您一起讨论。

问：如果学生的阅读水平不足，需要我帮他们朗读材料，应该怎么办呢？

答：我们建议先试试本章和第六章中列出的策略，之后，收集数据，看看这些干扰程度较低的支持形式（如实物支持、同伴支持）是否有利于学生学习课程内容，分析这些数据，然后与团队讨论并制订计划。

本章小结

助理教师要仔细考虑如何慢慢撤出支持，提高学生的抗挫折能力和独立性，促进学生与同学互相帮助，同时还要针对不可避免的意外变化做好准备，所有这些对学生的进步都很重要。利用阶梯式辅助，优先使用干扰程度最低的支持形式，确保每位学生的需求都能得到满足，但又不影响学生最大限度地独立、真实地参与活动。选择支持形式的时候，与团队沟通是必不可少的，这样才能更好地帮助学生实现在学业、行为方面的长期目标。

待办事项

待办事项

看完这一章后……

- 完成本章活动和反思两个部分的要求。
- 填写支持类型数据收集表，了解学生在这一天里获得了哪些支持。
- 填完之后，将数据收集表带给自己的团队，讨论应该如何减少成年人的支持。
- 与朋友或同事谈谈您对支持、独立和互相帮助的理解。

第十章　支持自己

想象一下“满杯”的感觉

> **一定要亮着那盏灯——你永远都不知道自己会成为多少人的灯塔。你永远都不知道会有多少人因为你这个灯塔在暴风雨中找到回家的路。**
>
> **——克利奥·韦德（Cleo Wade）**

如果我们自己的情感、身体、认知和精神之杯是满的，就更容易与他人分享我们的时间、知识和爱心。自己的杯子满了，才有心情和精力给予别人，才会更有耐心，才能更好地为自己和学生工作。反过来，当我们疲惫不堪、精疲力竭、心神耗尽，或者靠着咖啡因才能吊着一口气的时候，就会脾气不好、状态也不好，精力不够、爱心也不够，关注不到积极的东西，而这些恰恰是学生需要的。

我们的理想是让所有的专业人士都能拥有满溢的杯子。如果我们能适当地休养生息，身心都感觉非常舒适，就能怀着爱心和善意为所有的学生提供支持。为所有的学生提供支持，需要巨大的能量、良好的状态、无限的耐心。想要为学生提供有效支持，最应该做的事情就是把自己的健康、快乐、幸福排在首位。我们相信，能否做一名成功的助理教师，取决于能否在学校之外的生活中把自己放在首位。

本章并没有提供如何关爱自己的秘方，我们介绍的是一些有助于改善自己心理健康状态的思维方式（即思维习惯）和生活方式（即具体的做法和方法）。如果教师自己都得不到充分的休息，没有健康的身体，对生活也不满意，就很难帮助到自己的学生。不管您通过什么方式缓解压力，跑马拉松也好，洗个澡也好，重要的是把注意力集中在自己喜欢的事情上，集中在能帮助自己缓解压力、保持健康和平衡的事情上。

助理教师的工作不容易。不过，还是那句话，值得做的工作都不容易。您可能会觉得做这份工作很有收获，或者可能压力很大，抑或每天都在变化，就像我们很多人一样。但是，有一件事是肯定的：您要照顾好自己，才能照顾好别人。您需要建立自己的支持体系。本章介绍的思维习惯和生活习惯有助于您解决问题、建立关系网、照顾好自己。本章将以一个专业人士的“魔法咒语”作为结束语，我们希望您也为自己想出一个特别的“魔法咒语”。

思维习惯

这一部分着重介绍两个重要的思维习惯，您可以从培养这两个习惯入手，让自己更积极、更有效地与自己互动、与他人互动。我们认为这些思维习惯——做一盏照亮他人的明灯、注意自己对团队士气的影响——可以从情感和心理两个方面帮助您、您的同事和学生拧成一股绳、一起走向成功。

做一盏照亮学校的明灯

走在自己工作的校园里，我们经常会和同事互相问候：“你好，怎么样？”我们听到的回应包括“忙得很”“要崩溃了”“快不行了”“对付活着吧”或者“好歹还活着”之类的话。在学校里，不会照顾自己的反面典型并不罕见。例如，我们很多同事可能都这么说过：“我批改作业到半夜”“我晚饭吃的饼干”“我昨晚 6 点才下班”。但是，这种思维方式往往会使我们更加疲惫，掏空了精神，也掏空了身体……而且往往会影响到自己的同事和学生。

现在请您想想，怎样才能做一盏照亮学校的明灯。下次再有人跟您打招呼的时候，想想怎么回应，既实话实说，又充满活力和正能量。也许您的回答很简单：“很高兴见到你和同学们。”

活动

活动：“过得怎么样？”

准备几个打招呼的回应用语，这样下次有人问您“过得怎么样？”的时候，您就能脱口而出。

注意自己对团队士气的影响

有些人总是能用自己的正能量点亮一整天，我们相信这么说的时候您肯定能想到自己的某位同事。这些人把问题看作肯定能解决的挑战，不管什么情况，他们都能从中看到积极的一面，总是能用自己阳光的个性鼓舞士气。我们都希望与这样的人共事，或者能和这样的人在一起待一会儿也好。他们真的可以影响我们自己的情绪，因为积极的态度可以感染他人。

现在，想想自己是带着什么样的能量去工作的？例如，您是一进门就热情地和每个人打招呼吗？开个轻松的玩笑？还是一上来就公事公办？或者可能和同事一开口就是抱怨或吐槽？您进入房间或开始谈话的方式很重要。

回想一下上次与同事谈话的情景。您带来的是什么样的能量？您说了什么，没说什么？您的肢体语言是什么样的？我们在工作中——在任何地方——的每一次互动都会对周围的能量场产生影响，这些影响有积极的，有消极的，也有不积极也不消极的。您如何保证自己带来的影响都是积极的呢？

有个办法，就是下次开会或互动之前仔细考虑一下。怎么才能从最开始就营造出一种积极的氛围，让对话富有成效？能幽默一点，让气氛轻松点吗？能做到真正用心倾听吗？您能保证自己以积极的态度开始对话而且自始至终保持这种态度吗？您能发自内心地赞扬别人吗？这种态度和思考不仅能带来更健康的工作氛围，还能带来更健康的精神面貌。

活动：开发正能量

活动

在一个手腕上套 10 根橡皮筋。在这一天中，每次说了积极向上的话，就把皮筋从一个手腕移到另一个手腕。很快您就会发现，量化自己的正能量表达，会让您保持积极向上的态度。

生活习惯

接下来，我们会介绍几个重要的生活习惯，它们可以让您感到更加满足和快乐，同时在家庭和工作中提升自己的生活幸福感。这些生活习惯包括每天都感恩、为小事喝彩、开怀大笑、发现乐趣。

心怀感恩，改变生活

心怀感恩，可以让我们更信任他人、更愿意交流，更懂得欣赏自己、欣赏身边的人和事，感谢与我们有关的人和事。这种转变可以帮助我们发展关系、改善情绪，在工作中变得更有效率。如果您还没有试过在生活中心怀感恩，我们希望您现在就开始练习。如果您已经试过，我们希望您能坚持下去。

有个做法非常有效，又很简单，就是每天写下您想感谢的事，不管什么事，只要让您感觉好就行。问问自己："今天我有什么要感谢的？"感谢信可以有多种形式，包括：

- 写感恩日记；
- 在电脑上存一个感恩文档；
- 给自己发一封感谢邮件；
- 通过短信与家人或朋友分享您的感激之情；
- 制作一份固定格式的感恩清单，用不同颜色标记。

活动

活动：练习感恩

看看上文给出的感恩写作建议。您想采取什么方式练习感恩？您会采取上面这些方式吗，或者您还能想出来别的方式吗？

事情再小，也要喝彩

无论这一天有多么艰难，也要试着缓一缓，拿出 5 分钟，写下自己与学生和同事共同度过的快乐时光，只写快乐的，别的都不写。例如，您可能会写有个学生很友善地帮了同学，或者有个学生勇敢地邀请新来的同学做自己的搭档，还有可能会写自己给朋友写了一张表达善意的小纸条，或者写自己从其他老师那里收到了一张小纸条，上面写的也许是您负责支持的学生取得了进步，或者夸您带的饭有多好吃。

开怀大笑，药效最好

在学校工作，最大的乐趣之一就是每天和老师还有自己负责支持的学生在一起经历很多有意思的事儿。回想一下自己开怀大笑的那一刻……就是那种过了很久后想起来还能笑上好一会儿的。开怀大笑对身体和精神都有好处，

幸福生活在线资源

- 肖恩·埃科尔（Shawn Achor）的研究主题是幸福，他曾经做过好几次 TED 演讲，分享自己对于积极心态的想法。
- 格蕾琴·鲁宾（Gretchen Rubin）写了几本书，都是关于如何创造全方位的幸福生活的，非常实用。http://gretchenrubin.com
- 正念学校（Mindful Schools）是一个网站，旨在帮助员工和学生使用正念、创造幸福。www.mindfulschools.org

这在好几十年前就被证实了。这些好处包括缓解压力、紧张和焦虑，有利于彼此联络感情，主要是因为人在开怀大笑的时候大脑会分泌内啡肽。无论校园内外，您都可以用幽默作为关爱自己的方式。在学校的时候，想办法用与专业相关的精妙幽默缓和气氛，和团队成员一起开怀大笑。在家的时候，看看有趣的电视节目，听听幽默的播客或有声书，和家人一起欢笑。把幽默和笑声融入每一天，是一种既有效又有趣的自我保健工具。

找点笑料、发现乐趣

与大脑相关的研究显示，快乐对我们的工作和学习都是有益的，因为快乐的体验会增加我们体内的多巴胺、内啡肽和氧气，从而激发我们完成手头任务的动力。当我们的生理和心理状况都很健康积极的时候，大脑就会进入最佳活动状态。虽然我们鼓励您在日常工作中创造更多的乐趣，不过，如何做到这一点取决于您的个性。例如，有些助理教师可能会讲笑话，在教室或员工休息室营造一种愉快的气氛，还有人可能会在开舞会的时候大声放音乐。下面是别人提到的一些有趣想法，您可以与学生和同事分享。

当我们的生理和心理状况都很健康积极的时候，大脑就会进入最佳活动状态。

- 每天讲个笑话；
- 偶尔开个舞会；
- 做个搞笑视频；
- 边跳舞边开会；
- 玩个寻宝游戏；
- 和同事一起就某个主题着装；
- 和同事一起打扮成双胞胎。

解决问题

当您看到本书的这里，虽然也已经有了很多针对不同类型问题或状况的处理方法和策略，但肯定还是会碰到让自己措手不及的问题，这是不可避免的。重要的是要记住，您不是一个人在战斗，您在学校有一个支持网络。遇到难以解决的问题，可以考虑下面的思路或建议：

- 和学校其他老师谈谈；
- 和学生谈谈；
- 和校长谈谈；
- 和家长谈谈；
- 和其他助理教师谈谈；
- 把问题告诉和自己共事的特殊教育教师；
- 和作业治疗师谈谈；
- 把问题写下来，做个头脑风暴，看看能不能想出解决办法；
- 出去散散步——在散步的时候不想其他的，只考虑如何解决问题；
- 把问题及可能的解决方案都画出来；
- 把所有可能的解决方案都列出来；
- 和最好的朋友或搭档谈谈（注意对学生的所有信息都要保密）；
- 等一等，让时间来解决。

如果和别人谈谈或自己绞尽脑汁都没办法找到一个新的解决方案，那么您可能就需要一个分步骤解决方案，如创意解难法（Creative Problem Solving, CPS）。

创意解难法

创意解难法具有悠久的历史，是一种经实证检验的、有效的方法，强调以创新的方式处理和解决问题（Davis, 2004; Parnes, 1985, 1988, 1992, 1997）。创意解难法是一种工具，可以帮助您重新定义一个问题，想出创造性的解决方法，然后采取行动解决问题。我们是在帮助自己负责支持的学生解决问题的时候首次了解和使用这个方法的。后来，我们又继续使用这个方法解决日常生活中碰到的个人问题和专业问题。教育学者亚历克斯・奥斯本和西德尼・帕恩斯（Osborn, 1993）是创意教育基金会和创意解难研究所的发起人和创始人，他们对人们解决问题所需的步骤进行了广泛的研究，发现人们通常使用 5 步流程。接下来我们将对每个步骤都进行详细解释。

分析问题

1. 厘清事实——描述您知道的问题，或者您认为是问题的问题。关系到谁？什么情况？什么时候？什么地方？怎么回事？关于这个问题，哪些情况是真实的，哪些不是真实的？

2. 发现问题——搞清难点。换一个角度看问题。把这个句子补全：有没有什么办法能……

集思广益

3. 找到思路——尽可能集思广益。不要急着判断这些思路是对是错，也不要急着表示赞成（既不要说“这个不管用”，也不要说“好主意”，因为这其实就是急着判断对错的表现）。

准备行动

4. 找到解决方案——把上述想法和您心里的标准进行比较。您是根据什么判断自己的解决方案会不会有效的？

5. 确定可行措施——制订一个循序渐进的行动计划。

从下面几个例子可以看出助理教师在解决具体问题时，上述 5 步流程是如何发挥作用的。

案例 1

汤姆是一位助理教师，他负责支持的学生名叫特雷弗，上一年级。特雷弗课间休息的时候会去操场玩，但是该回去上课的时候他怎么也不肯回去，汤姆也没想出什么好办法。特雷弗会四处乱跑，还藏起来，汤姆追不上他，也没法让他回教室。每次课间休息结束的时候，就好像在玩追人游戏似的，只不过汤姆追特雷弗的时候肯定很不开心。特雷弗还爬到滑梯顶上，如果汤姆跟着他上去，他就会滑下来。如果汤姆也滑下来，他就会再回头爬上去。看起来很好笑，但如果您是汤姆，肯定就笑不出来了，只会感到沮丧和尴尬。汤姆分析了这种行为的沟通目的，认为特雷弗很可能是想表达他不想结束课间休息。可是，就算汤姆搞清楚了他的意图，也找不到什么办法让他回教室。汤姆知道特雷弗很难接受活动转换，于是就把这件事告诉了整个团队。他们坐了下来，使用创意解难法分析了这个问题，整个流程如表 10.1 所示。

小测

创意解难法的 5 个步骤是什么？

案例 2

费利西娅是一名助理教师，负责为一位名叫贝卡的高中学生提供支持。可是她根本就不搭理费利西娅，这让费利西娅觉得束手无策。费利西娅每次接近她的时候，她就会闭上眼睛，趴在课桌上。费利西娅很温柔地问她："怎么了？"或者"需要人帮你开始吗？"她却大喊大叫，一直也不抬头。费利西娅觉得自己没法完成工作，也不知道应该怎么做，于是把这个问题提交给了贝卡的教育团队。他们坐了下来，使用创意解难法分析了这个问题，整个流程如表 10.2 所示。

表 10.1　创意解难法的实际应用

解决问题的步骤	汤姆和特雷弗的案例应用
厘清事实	等他回来是没用的 至少要花 10 分钟才能让他出操场 不管谁离开操场，他都不理不睬，接着玩自己的 他喜欢和朋友们玩追人游戏 他很难适应活动转换 从来没有人问过他需要什么
发现问题	我们怎样才能帮助特雷弗愉快地结束课间休息，迅速地回来上课呢？
找到思路	使用罚时出局 罚扣课间休息时长 给他一个计时手表 让同学帮忙，带领他去教室 看看他在外面到底能玩多久才回教室 压根不让他出去进行课间活动 做一张可以贴小贴画的表格（表现好就给小贴画） 多给他点课间休息时间
找到解决方案	我们希望这个解决方案能……（满足何种标准） 1. 让学生在同学心目中留下更好的印象 2. 提高学生的独立性，或倡导同学间互相帮助 3. 引起学生的兴趣 4. 提升学生的归属感 5. 增加学生与同学的互动 6. 在组织安排方面切实可行
确定可行措施	团队结合上述标准中的三条，最终确定了解决这个问题的方案。他们先和特雷弗碰面，问他怎么可以帮到他（他们给他提供了一份帮忙清单），特雷弗选了计时手表和同伴支持。团队给了特雷弗一个计时手表，让他找个同学，计时时间到的时候他就可以去找这位同学。当计时器响起的时候（离课间休息结束还剩 2 分钟），两个男孩找到了对方，然后一起去排队。问题就被解决了。

来源：Giangreco, Cloninger, Dennis, and Edelman (2002); Osborn (1993).

表 10.2　创意解难法的实际应用

解决问题的步骤	费利西娅和贝卡的案例应用
厘清事实	贝卡对费利西娅的口语辅助没有反应 她这样封闭自己，很容易错过一整节课，而且发出噪声的时候还会干扰班级其他同学 她不会主动向费利西娅求助，但是在其他场合，她确实主动向同学求助过 大多数时候，都是费利西娅为她提供支持，不是其他老师或同学
发现问题	还有没有更有效的方式来为贝卡提供支持呢？是什么？
找到思路	把她的座位调换到教室前排，这样离老师更近，方便她问问题 把她调到特殊教育班级，这样就能得到更多的一对一支持 慢慢撤出费利西娅的支持，这样就可以尽可能多地使用手势辅助、实物提示及自然支持等形式代替口语辅助和支持 给贝卡找个同伴 制作行为数据图表
找到解决方案	我们希望这个解决方案能……（满足何种标准） 1. 让学生在同学心目中留下更好的印象 2. 提高学生的独立性，或倡导同学间互相帮助 3. 引起学生的兴趣 4. 提升学生的归属感 5. 增加学生与同学的互动 6. 在组织安排方面切实可行
确定可行措施	团队最终确定了解决这个问题的方案。他们先和贝卡碰面，问她上课时及与费利西娅打交道时怎么可以帮到她。他们准备了一份帮忙清单让她选，她选了直接向老师或同学求助，让费利西娅帮她设置平板电脑，提前改动学习材料，自习的时候跟她一起预习。这样的话，上课的时候费利西娅就不用跟她坐在一起给她提供口语支持了。费利西娅也可以在班级巡回走动，为更多学生提供支持，只是偶尔查看一下贝卡的进度就可以了。这样，问题就被解决了。

来源：Giangreco, Cloninger, Dennis, and Edelman (2002); Osborn (1993).

建立支持体系

如果你独自一人生活在这宇宙中，没有人和你交谈，没有人和你分享星星的美，没有人和你一起欢笑、一起感动，那你人生的目的是什么呢？其他生命和爱让你的生命有意义。这就是和谐。我们必须发现彼此的快乐、挑战的快乐、成长的快乐。

——五月女贡（Mitsugi Saotome, 1986, p. 1）

作为一名助理教师，您需要一个关爱您、支持您的网络。

作为一名助理教师，您需要一个关爱您、支持您的网络。您在工作场所感到孤立无援吗？您感觉自己需要更多的支持吗？想想所有爱您、关心您的人。再想想，还有哪些人在工作中可能感到孤立无援。在自己的学校、班级或年级，打造一个支持团队。您所在的学校可能已经有解决问题的团队了，看看您能否加入，与理念相似的同事建立联系。

打造支持团队

有个四年级的教育团队成立了一个支持团队，团队成员每周五早上轮流给大家带早餐，然后一起吃饭聊天，没有什么特别的安排。

聊天轻松有趣，大家就是利用这个时间联络一下感情。他们说每周五的早餐会成了这一周的亮点。他们每年安排两次周六早餐会，邀请家人一起参加。一起吃饭的时候，大家对彼此都有了更多了解，对彼此的爱人也有了更多的了解。这些做法有助于培养团队的集体意识。

如果您在学校觉得很孤单，或者需要支持，还可以创建自己的团队。把学校里和您理念相似的人聚集起来。一定要保证，团队的重点是互相鼓劲，前面说到那个四年级团队早餐会的主意，您可以随便用。您自己需要支持的时候，要依靠团队的力量，其他成员需要支持的时候，要伸出援手。

与其他助理教师建立社群团体

有个学校的几位助理老师每周下班之后都相约见面，之后一起散步。他们的聚会是下午 3：15 结束，到了 3：20，大家就马上穿着运动鞋到外面集合。3 公里多一点的路程，他们边走边聊，互相说着自己的事情和烦恼，还会一起开怀大笑。这个散步活动让他们建立了一个支持网络，大家既得到了锻炼，又呼吸了新鲜空气，还能边走边聊。

助理教师线上网络资源

全国助理教师资源中心（National Resource Center for Paraeducators, NRCP）网站致力于为全国的助理教师提供支持。网站上有讨论区、资源区，甚至还有针对各个州的支持资源。https://www.nrcpara.org

还有一群助理教师在图书馆会面，他们组成了一个读书小组，读的书既有与工作相关的，又有单纯为了放松的，穿插着来。年初的时候，他们制订了自己的阅读清单（从自己正在看的书开始）。他们组织起来，最终说服了校长使用专业发展基金购买了这些书。

建立自己的社群团体时，有问题就要问。要搞清楚谁能帮您解答最紧要、最迫切的问题。学校是个忙碌的地方，有时候好像都没有人有时间说话。如果您有问题——这一点是肯定的——写下来，找到能帮您解答的人。可以问问特殊教育教师、学生、普通教育教师、其他助理教师、校长、治疗师或者学校里任何一位见多识广的工作人员。

关爱自己

在飞机上，空乘人员经常提醒大家，如果遇到紧急情况，需要戴上氧气面罩，应该先给自己戴，再帮孩子戴，您听到过吧？这条规则背后的理念是，如果发生坠机事件，您要确保自己有能力帮助孩子。可是，如果您没有氧气，就没有办法帮助他们。从本质上讲，这就是关爱自己的意义所在：在工作之余给自己滋养，这样就可以帮助自己的学生，给他们力量和支持。

满足自己的基本需求

马斯洛（Maslow, 1999）明确阐述了人类的基本生理需求，这些需求包括氧气、食物、水及合适的体温（见图 10.1）。像所有人一样，您要保证自己的需求得到满

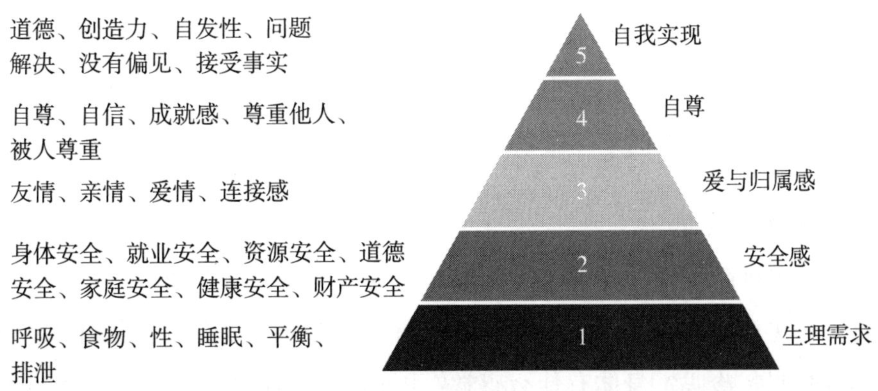

图 10.1　马斯洛的需求层次理论

来源：Maslow (1999).

足，之后才能帮助别人满足需求。您可能需要带些健康的零食去学校，让自己在一整天的工作中保持精力充沛；或者可能需要带一个水杯，这样可以保证补充水分；还有可能需要带一件毛衣或多穿几件衣服，许多学校的室内温度都变化不定。马斯洛的研究显示，比基本生理需求再高一个层次的需求是安全感和爱。周围都是爱自己的人，就会感到被支持、被关爱。最后，您还需要每天晚上都有足够的睡眠。如果您身体疲惫，那就更难做好准备为学生提供支持了。这些需求是人身心健康的核心。

停下来，深呼吸，试试冥想

有些人很喜欢冥想，还有些人一想到冥想就会紧张得出一身大汗。其实冥想并不一定非得一动不动地坐上一个小时，脑子里除了宁静的当下，其他什么都不想。我们在此提供了几个办法，让您在忙碌的时候也能抽出时间进行正念冥想。这样做的目的就是花几分钟的时间让您的思想回归身体和头脑，以便减轻压力、增进精神健康。

走路时冥想

遛狗、徒步旅行的时候，朝着复印机走去或沿着跑道走的时候，把注意力集中在一件事上，可以是鸟叫的声音，可以是地面的脚感，也可以是走廊墙上的艺术品或学生的声音。走神去想工作任务、待办事项或负面想法的时候，轻轻地把注意力拉回来。

做事时冥想

您可以把正念冥想融入日常活动中。例如，洗手、叠衣服、上班、洗碗、做午餐的时候，都可以做个短暂的冥想。做这些事的时候，把注意力集中在这些活动带来的体验和感受上——衣服的触感、温水流过指尖的感觉。走神的时候，把注意力拉回来，集中到自己正在做的事上。

等待时冥想

每次排队等待的时候——例如，在等候室等待时，或者等着学生吃完午餐回来时——注意自己的呼吸或周围环境，利用这段时间做个“全身扫描”。肌肉紧张吗？感觉热吗？冷吗？身体有什么感觉？不管什么感觉都要注意，注意出现那些感觉的地方，想办法让自己平静下来。放松紧张的肌肉，松开紧皱的眉头，深呼吸。

念“咒语”冥想

有些人发现很难让自己的心平静下来。如果您也是这样的人，试试念5到10分钟的“咒语”，朗读或默读都行，都能帮您集中注意力。例如，“我很冷静”或“我全身心感受当下”。

活动：10分钟冥想

活动

也许您打算开始练习静坐冥想，那么可以试试这样练习：

1. 找一个不被打扰的舒适环境。

2. 舒舒服服地坐着，闭上眼睛，把注意力向内转移。把脑袋放空，甩掉那些乱七八糟的想法。放松。

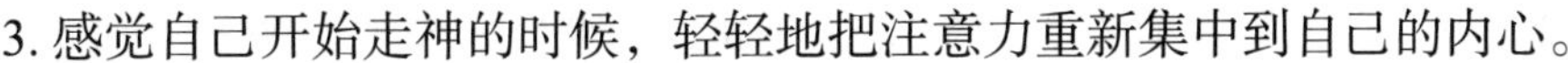

3. 感觉自己开始走神的时候，轻轻地把注意力重新集中到自己的内心。

4. 想坐多久就坐多久，感觉舒服即可。

5. 做完冥想练习之后，回答下列问题：现在感觉如何？感觉精力充沛了吗？心思变得缜密了吗？静下心了吗？感觉放松了还是焦虑了？接纳这些感觉，试试找个时间再来一次冥想。

找一个出口

照顾好自己，这对保证工作状态、保持心态平衡至关重要。找到一些办法，在工作之余可以给自己支持和力量。试试锻炼身体，如瑜伽、跑步、散步、骑自行车、远足或游泳。或者给自己的情绪找一个出口，如冥想、祈祷或瑜伽，保持自己的心态平衡。

或者试试放松精神的办法，如玩游戏、阅读或写作。还可以试试更有创意的方式，如绘画、雕刻、烘焙、烹饪、做剪贴簿，或者就是做个什么东西。试试宠爱自己一下，洗个澡或做个按摩。利用各种各样的办法关爱自己，让自己感觉健康、平和、安宁。

和学生打交道的时候，需要不断地向他们学习，还需要不断地为他们学习。我们希望这本书能成为您学习的动力。看这本书的时候，请您试试这些策略，一旦发现某个策略或思路有效，以后可以再用。同时，请记住，每一个情境、每一位学生、每一个时刻都会带来新的东西。仔细回忆一下，哪些思路或策略起作用了，什么时候起作用的，怎么起作用的，这些都很重要。这个过程可能在不断变化，这是不可避免的。

策略

提升幸福感的 5 个做法

1. 全身心感受当下。与学生和同事在一起的时候，要活在当下。有人和您说话时，不要走神，也不要看手机。当别人提出问题或表示关注时，要迅速而冷静地回应。您与自己、同事及学生相处时能做到这些，学生就会从中学习。

2. 每天都做好准备。新的一天开始的时候，想想下面的几个问题：

- 今天有什么能让我兴奋的事吗？
- 今天我想做成什么事？
- 今天我想支持的人是谁？
- 如果今天结束的时候我感觉……就说明今天是有成就的。

3. 练习呼吸。每天都要练习缓一缓、深呼吸。深吸气 3 秒钟，屏住呼吸 3 秒钟，再呼气 3 秒钟。重复这个过程，直到觉得自己平静下来、集中精力为止。

4. 写下明天的计划。拿一张白纸，写写第二天想干什么。也许您会写："我要和别人一起开怀大笑。我会为我的学生喝彩。我要精神焕发、充满动力。"

5. 记住，您不孤单。多和积极向上的人在一起，他们会倾听您、支持您，为您喝彩。分享自己的故事、想法，还有自己的正能量。互相鼓劲加油。有团队支持的教育工作者会更快乐，更有成就感，欢迎您加入我们的教育工作者大联盟——融合教育咨询服务组织（网址：www.inclusiveschooling.com）。

反思

制订一个自我关爱计划。前面列出的那些建议，哪些是您已经做到了的？您还可以定期地练习哪些做法？哪些是您愿意首次尝试的？现在，为自己制订一个计划吧，按照这个计划每天给自己滋养，让自己的杯子总是满满的。

常见问题

有关支持自己，最常见的问题

问：对自己感觉这么良好是不是过于自我了？

答：对自己感觉良好绝对不是过于自我。事实上，您对自己感觉越是良好，就越愿意花时间充实自己；越能照顾好自己，就越能做到时时刻刻都活在当下，给学生、同事和生活中的其他人提供更多正向的支持。

问：如果我没有时间练习自我关爱怎么办？

答：我们建议您利用碎片时间练习感恩、冥想或本章提供的任何建议。试试利用早上通勤的时间，或者开车带孩子去参加课后活动的路上，甚至是淋浴的时间。允许自己发挥想象力，想想如何利用自己的时间。

问：您是怎么和理念相似的专业人士开口提“我们成立一个联盟”的？

答：我们建议先邀请这些人共进午餐或者喝杯咖啡，然后开始进入正题，明确表示您打算成立某种形式的专业支持团体——非正式的或者正式的都行，只要有用就好。我们猜您一定会意外地发现居然会有很多人表示“好啊好啊”，也一定会惊觉这次破冰谈话的意义是多么重大。

本章小结

我们对您心怀感恩。感谢您看完这本书。我们希望这些做法和想法能够给您支持，让您更加热爱这份工作，工作的时候更有热情。在这本书的结尾，我们写了一段给助理教师的“魔法咒语”——这就像是一种召唤，希望您能将自己的思维和情感集中在当下，愿您成为您理想中的教育工作者。感谢您读完这本书，祝您在帮助学生的过程中一切顺利，这些学生是多么了不起，是他们让我们变得更美好、更善良，更有爱心、更有创意。

助理教师的“魔法咒语”

- 我支持自己，这样才能支持学生。
- 我为自己感恩，我和学生一起感恩。
- 我要做一盏灯，照亮学校，照亮学生。
- 我重视学生，我经常这样告诉他们。
- 我从语言到行动都为多样性喝彩。
- 我能和团队一起合作，确定学生的需求。
- 我帮助学生取得进步，走向成功。
- 我抱着善意做出回应。
- 我每天都有积极向上的态度。

待办事项

待办事项

看完这一章后……

- 完成本章活动和反思两个部分的要求。
- 您会选择养成哪些习惯？
    - 心怀感恩
    - 解决问题
    - 正念冥想
- 打造一个支持团队。
- 线下或线上联系其他助理教师。

作者简介

朱莉·考斯顿博士（Julie Causton, Ph.D.）

融合教育咨询服务组织（Inclusive Schooling）的创始人和首席执行官。她曾是美国雪城大学教育领导学系融合教育和特殊教育专业的教授，过去二十年间，她一直致力于研究融合教育，并积极付诸实践，尤其关注如何为那些有问题行为的学生提供支持。曾经作为特殊教育老师的职业经历让考斯顿博士体会到，归属感可以帮助学生取得很大的进步。她与全国各地的学校管理者、教师、助理教师及学生家长合作，帮助他们打造融合教育环境。考斯顿博士著有 7 本关于融合教育的书籍，还在 30 多家教育研究和实践期刊上发表过论文。

凯特·麦克劳德博士（Kate MacLeod, Ph.D.）

美国缅因大学法明顿分校（University of Maine at Farmington）特殊教育专业的助理教授，融合教育咨询服务组织的创始人和顾问。她对融合教育和社会正义非常有热情，正是这份热情，让她对教学、研究、写作和咨询工作都非常投入。她曾经在纽约市一所高中担任特殊教育教师，现在致力于与全国各地的学校管理者、教育工作者及学生家长合作，为所有学生提供更好的融合教育服务。麦克劳德博士的研究和著作主要聚焦如何理解融合学校文化和融合教育改革，以及如何为有不同需求的学生提供更好的教育支持。她著有 2 本关于融合教育的书籍，还在不同的教育研究和实践期刊上发表过多篇文章。

北京市版权局著作权合同登记号：图字 01-2024-1987 号

图书在版编目（C I P）数据

融合教育助理教师手册 ：第2版 / （美）朱莉·考斯顿（Julie Causton），（美）凯特·麦克劳德（Kate MacLeod）著 ；陈烽，朴知雨译. -- 北京 ：华夏出版社有限公司，2024.10

（融合教育实践系列）

书名原文：The Paraprofessional’s Handbook for Effective Support in Inclusive Classrooms, Second Edition

ISBN 978-7-5222-0709-4

Ⅰ. ①融… Ⅱ. ①朱… ②凯… ③陈… ④朴… Ⅲ. ①特殊教育－教学参考资料 Ⅳ. ①G76

中国国家版本馆 CIP 数据核字(2024)第 094085 号

融合教育助理教师手册： 第 2 版

作　　者 ［美］朱莉·考斯顿　［美］凯特·麦克劳德
译　　者 陈　烽　朴知雨
责任编辑 许　婷　李傲男

出版发行 华夏出版社有限公司
经　　销 新华书店
印　　装 三河市少明印务有限公司
版　　次 2024 年 10 月北京第 1 版
2024 年 10 月北京第 1 次印刷
开　　本 787×1092　1/16 开
印　　张 13.75
字　　数 230 千字
定　　价 69.00 元

华夏出版社有限公司　地址：北京市东直门外香河园北里 4 号　邮编：100028
网址：www.hxph.com.cn　电 话：（010）64663331（转）

若发现本版图书有印装质量问题，请与我社营销中心联系调换。